日本語・中国語・モンゴル語

－日本語構造伝達文法・発展E－

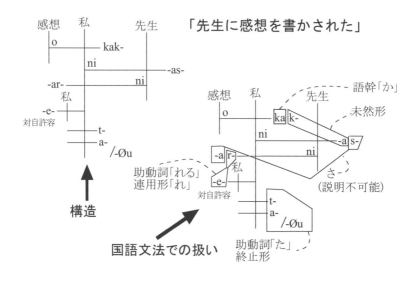

「先生に感想を書かされた」

今泉 喜一	日本語・日本語教育・モンゴル語
木村 泰介	日本語
関口 美緒	日本語
銀 椿	モンゴル語と日本語
辛 奕贏	中国語と日本語
蒋 家義	中国語（構造伝達文法）
孫 偉	中国語と日本語
陶 天龍	粤語麻埇方言（構造伝達文法）

E まえがき

　本書は「日本語構造伝達文法」の研究書シリーズの6冊目である。（入門書シリーズの『日本語のしくみ』は，（1）〜（5）の5冊出版されている。）

　本書は論文9編で構成されている。研究者は8人ではあるが，うち，3人は新登場である。ほかに問題を提示してくださった日本語教師の方が1人いる。

　この「まえがき」では，今泉が，その9編の各論文について，簡単に紹介しておく。

EⅠ論文　　　　国語学への5つの提言
－文法はローマ字で－　　　　　　　　　　　　今泉　喜一

　まず，国語文法の問題点を指摘する。国語辞典には，「よむ（読む）」という動詞が，「よ・む」という形で載せてある。「よ」が語幹で，「む」が活用語尾ということである。しかし，これには何の科学的根拠もない。正しくは yom-u である。語幹は yom- で，語尾は -u である。現在の「よ・む」という表し方は，yom-u へと，すぐに訂正しなければならない。すべての国語辞典の大がかりな訂正になる。日本人が何の疑問もなく「よ・む」と分析していたのは，文法分析に「かな」を使っていたからである。文法分析に「かな」を使うのは大きな間違いである。そこで，第1の提言が行われる。

［第1提言］　文法を「かな」で表示するのをやめること
　本来，音素を単位として分析すべき形態素が，実際は，拍でまとまってしまう「かな」で分析されてきた。その結果，動詞や形容詞の形態素が適切に把握されなかった。それどころか，形態素のあることすら認識されなかった。したがって，文法的な説明は，簡単なことでも，非論理的にむずかしくなされてきた。ローマ字を使いさえすれば，音素が正しく把握でき，説明が容易になる。

［第2提言］　動詞や形容詞，態詞なども形態素で把握すること
　形態素で把握するということは，「読む」なら，yom-u と把握することである。「良い」なら，yo.k-i と把握し，「飲ませる」なら，nom-as-e-ru と把握することである。

［第3提言］　「格」を「実体と属性の論理関係」と定義すること
　「実体（名詞）」は「属性（動詞等）」と「論理関係」で結びつく。この「論理関係」を表すのが「格」である。格をこう定義すると，「Ø1格」や「Ø2格」が認識される。また，「の」は格を表さないことになる。

［第4提言］　時と相の関係を図で捉えること
　テンスとアスペクトは図で示しやすいし，図で示せば簡単に把握できる。現代日本語特有の相対時表現のあり方も，絶対時表現と，図示の対比において把握できる。

［第5提言］　「動詞活用の歴史的単純化」に「動詞の態拡張」を見ること
　動詞の活用は歴史的に単純化した。国語学はこれを日本語話者が「目的」としたこととみている。しかし，これは「動詞の態拡張」の「結果」である。「係り結び」も同様である。

EⅡ論文　「の」および「相対時表現」について
－日本語教育の現場で－　　　　　　　　今泉　喜一

　この論文は，日本語教師である前田公子さんが日々教室で教えながら考えていることを書き留めた覚え書きに基づいている。2つを選んで論文化した。(*p.4*「付記」参照)

　「の」の意味については，使用例の出てくるたびに意味を教える傾向がある。すると，いくつの意味を教えればよいのか，という疑問が湧く。本論文では，「の」が構造上でどういうものかを示しつつ，学習者がどう把握すれば理解しやすくなるのかを示す。

　「相対時表現」は学習者のとまどうところである。それというのも，相対時表現は現代語日本語特有の表現法であるからである。日本人の日本語教師にとってはあたりまえのことであっても，これは日本語特有の表現法なのであることを理解しておく必要がある。教師としては絶対時表現と相対時表現のあり方を図で理解しておくとよい。

EⅢ論文　　「未遂」と「未婚」
－否定の接頭辞「未」の意味と構造－　　　木村　泰介

　木村泰介さんは，前回の論文で，「無洗米」などの例に見られる，「無」の構造と時相について論じた。今回は，「未遂」や「未婚」の例に見られる「未」について論じている。「未○」の「未」のあとにある名詞化した動詞について，①②のように分類している。

　①動詞がアスペクトしか表さないものをAとし，アスペクトも事象の実質も表すものをBとした。

　②「未」とともに用いることで，「開始に至らない」状況を表す動詞を1型とし，「開始はあるが，完了に至らない」動詞を2型とし，単に「完了に至らない」動詞を3型とした。

　①と②の組み合わせで，**動詞を6種類に分類し**，この6種類をアスペクトの違いとして図で示した。「未」の意味が理解できる。また，「構造モデル」上で「未」をどう表せばよいのかも示している。「未」の日本語訳である「まだ～ない」の構造も示している。

EⅣ論文　　感覚動詞と知覚動詞のアスペクト
－局面指示体系による図示－　　　　　　関口　美緒

　関口美緒さんは感覚動詞，知覚動詞のアスペクトのあり方を図示している。構造伝達文法の図示法によるものだが，両動詞のこのような図示は，他の研究者の行っていないことであり，画期的なことであるといえる。本論文では，感覚動詞と知覚動詞を対比し，「継続動詞型」と「存在動詞型」では，図示に共通点があることを示した。しかし，感覚動詞には「瞬間動詞型」がないことを示し，知覚動詞ではこの「瞬間動詞型」に，閾値をもつ動詞と，もたない動詞があることを述べている。閾値の図示法も開発している。

　語例検討という形で，「肩が凝る」の表現を7つの時相(テンス・アスペクト)において捉える必要のあることも論じている。

EV論文　　　　モンゴル語，日本語の主格・対格表示の対照
　　　　　　－「従属節内主格は主文内主格とは異なる」という意識－

　　　　　　　　　　　　　　　　　　　　　　　銀　桩 ／ 今泉 喜一

　銀桩さんの論文については *p.4* の「付記」を参照のこと。
　[主格]　モンゴル語では，主文の主格語(主語)は，日本語古語同様，主格表示され
ない(Ø1)。従属節では，主文と同じ主格語は省略されるが，異なる主格語は，**対格で
表示**される。日本語では主文では「Ø1」か「が」が，従属節では「が」が使用される。
　[対格]　モンゴル語では，日本語古語同様，普通対格表示は行わない。対格表示が
行われるのは特別な場合である。これに対して，日本語現代語では，口頭語では対格
表示が行われないことも多いが，文章語では対格表示は省略されない。
　[対照]　モンゴル語の従属節では，主格が対格で表示されるが，日本語古語にもこ
れがあった。とはいえ，これは同じ経緯によるものではない。しかし，これにより，
両言語に「従属節内主格は主文内主格とは異なる」という共通の意識が想定できる。

EVI論文　　　　日本語「の」と中国語「的」の対照研究
　　　　　　－「Ｎ＋の／的＋Ｎ」を例として－　　　辛 奕嬴

　辛奕嬴(シン・イイン)さんは，認知言語学の視点から，日本語の「の」と中国語の
「的」を対照している。両者の共通点として，2つの名詞をつなぐことをあげている。
　相違点としては，「重点化」との関わり方をあげている。日本語の「の」は重点化とは
関係なく存在する。中国語の「的」は重点化と大きく関わるが，重点化されるのが，前
の名詞なのか，後ろの名詞なのかは，文脈が決める，としている。重点化のない場合
は「的」が使えず，名詞を「的」なしでつなぐ。
　また，2つの名詞が同格関係の場合や，異なる範疇に属する場合は，「の」でつなげ
ても，「的」ではつなぐことができないとしている。

EVII論文　　　　日本語構造伝達文法の中国語への適用
　　　　　　－兼語句－　　　　　　　　　　　　蒋 家義

　蒋家義さんは，日本語構造伝達文法を中国語に適用することを研究している。すで
に主述句，述目句，結果述補句については論じているので，本論文では兼語句を論じ
ることとなった。(『日本語構造伝達文法・発展D』参照)
　まず，「兼語句」が何であるかを説明し，次に兼語句を，[1]使役・許容，[2]心理，
[3]認定・呼称，[4]描写・説明，の4種類に分類している。この[1]～[4]の兼語句の
それぞれの特徴を述べ，それぞれに使用される動詞を挙げた。
　兼語句は，構造的には類似性があるが，意味的には違いが大きい。[1]～[4]の兼語
句のそれぞれにつき，構造意味を述べている。この論述により，形式のみに焦点が当
てられて，「兼語句」という概念にまとめられたが，意味的な観点からは今後さらなる
検討がなされる必要があることが分かる。

EⅧ論文　　中国語の「了」に対する日本語表現　　　　　孫　偉

　孫偉さんは中国語の時相表現について研究している。本論文では，中国語の完了・実現を表す「了」が，日本語のどのような表現と対応しているかを詳しく調査し，その対応関係を明らかにした。

　調査に用いた方法は，日本語構造伝達文法の構造図形表示法と，2桁数による時相表示法である。小説等にある当該表現を研究資料とし，その資料の1つひとつにつき，この方法を適用して検討している。

　その結果，明らかになったことは，p.124の表1のように示されることになる。その内容をここに簡単に示すことはできないので，「4　おわりに」を参照していただければと思う。「了」の表現することが，いかに多様なものであるかが分かる。

EⅨ論文　　粤語麻峒方言の前置詞
－動詞と比較して－　　　　　　　　陶　天龍

　陶天龍さんは中国語の方言を扱っている。粤語は広義的には中国語の1方言と見ることができ，狭義的には漢語と同系統の1言語と見ることもできる。その麻峒(マトウ)方言は広西省麻峒鎮で話されている粤語の1つの方言である。その方言を扱う本論文では，例文が音声記号で記されている。それは，方言の発音は漢字で書けないものもあるからである。発音が漢字で書けない場合は，□で表し，その横に音声記号を付けることになっている。本論文に□があるのはこのためである。

　この論文では，日本語構造伝達文法の構造モデルを使っているが，これには3つの主要な理由がある。この①～③は，本論文での考察を大いに助けるものとなった。

　①格を示さなければならないこと，つまり前置詞を明確にしなければならないこと。
　②同じ漢字で表されていても，動詞なのか前置詞なのかが位置で明確に区別できること。
　③動詞にはない，前置詞にある制限が，このモデルを使うと説明しやすくなること。

［付記］
EⅡ論文　「の」および「相対時表現」について

　この論文は本書に載せるつもりはなかった。『日本語のしくみ』の（6）あたりで，日本語教育関係のことがらが扱えれば，そのときにその体裁に合わせて載せようと考えていた。しかし，今泉も年で，明日をも知れない身となっているいま，ここに掲載しておくことにした。前田さんの覚え書きの中からは2つだけを選んだものとなった。

EⅤ論文　モンゴル語，日本語の主格・対格表示の対照

　この論文は，銀桩さんが大学院論文集に書いたものに基づいている。銀桩さんの快諾を得て，今泉が構造図や表を加えたり，論旨をよりつかみやすくした。この形になったものを銀桩さんに見てもらい，さらに「研究者紹介」を書いてもらおうとしたら，連絡がつかなくなっていた。何もなければと祈るばかりである。

目 次

◎ コラムの目次は *p. 14* にあります。

論文目次

コラムの目次

コラムの執筆者は今泉喜一

ＥⅠ論文

国語文法への5つの提言
－文法はローマ字で－

今泉　喜一

要　旨

　日本語構造伝達文法の視点から，国語文法への提言をする。国語文法は文法的要素の分析に，いまだに「かな」を用いており，さまざまな弊害をきたしている。この状況に鑑み，ここに5つの提言を行う。①まず，この「かな」の使用をやめ，音素の示せる「ローマ字」を使用すること。②そのうえで，動詞や形容詞，態の形態素を的確に取り出すこと。③実体(名詞)と属性を結びつけている「格」を明確に捉えること。④時と相の関係を論理的に捉えること。⑤動詞の歴史的変化は，活用の単純化などが目的なのではなく，動詞の態拡張の結果であることを認識すること。この5点である。
キーワード: かな, ローマ字, 形態素, 格, 時相, 態拡張

ＥⅠ 0　国語文法の問題点 …… 文法をかなで扱っている

ＥⅠ 0.1　国語辞典にみる問題点

　国語辞典の，たとえば「読む」「起きる」「食べる」の項を見てみると，このように書かれている。

よ・む	【読む】	〈他五段〉
お・きる	【起きる】	〈自上一〉
た・べる	【食べる】	〈他下一〉

　この「よ・む」「お・きる」「た・べる」という書き方は，「よ」「お」「た」が語幹で，「む」「きる」「べる」が活用語尾であるということを表している。これは**国語文法特有の，言語学とは異なる情報**である。国語文法だからこそ，「よ」「お」「た」を語幹だと言えるのである。……この書き方が，**すべての国語辞書で**，昔から令和の現在まで何の疑いもなく続いてきて，そして，ほうっておけば，連綿と未来にも続くのである。……とんでもなく違和感を感じているのは，本論文筆者だけであろうか。

　また，〈他五段〉は，他動詞で五段活用をするということを示し，〈自上一〉は，自動詞で，上一段活用をするということ，〈他下一〉は，他動詞で，下一段活用をするということを示している。

　この**非言語学的な書き方を改善する**ために，かな表示では「・」をはずす必要がある。「よ・む」を「よむ」とし，「お・きる」を「おきる」，「た・べる」を「たべる」とするのである。そして，**ローマ字で形態素を示す必要がある**。

よ・む 【読む】〈他五段〉	→	よむ yom-u 【読む】 〈他〉
お・きる【起きる】〈自上一〉	→	おきる oki-ru 【起きる】 〈自〉
た・べる【食べる】〈他下一〉	→	たべる tabe-ru 【食べる】 〈他〉

　矢印の右側にあるように表示することで，語幹は「よ」ではなく yom- であり，「お」ではなく oki- であり，「た」ではなく tabe- なのであることが示せる。こう書けば，-u, -ru が「描写詞」であることが示せる。

　また，語幹は，「子音終わりか，i, e のどちらの母音終わりか」を示せば，それで十分である。「五段活用」「上一段活用」「下一段活用」，「五段」「上一」「下一」という概念それ自体が不必要なのである。**動詞語幹を上のようにローマ字で示しさえすればよいのである。**

　自動詞か他動詞かの情報は必要であるから，〈自〉〈他〉は書いておく。

　となると，すべての国語辞書の動詞当該部分は書き換える必要があることになる。というより，それだけでなく，**国語文法のかなりの部分の再検討が必要なのである。**

EI 0.2 「かな」使用をやめるべき，構造も示すべき

　国語文法にこのような非言語学的な扱いの事態が生じているのは，文法を「かな」で扱ってきたことに原因がある。国語研究では，文の表記には大変都合のよい「かな」を，**文法研究**にまで使用したのである。江戸時代以降今日までこれを踏襲し，そして恐ろしいことに，ほうっておけば，未来も続いていくのである。国語学者はこれの非合理性にまったく気づいていないか，無視してきた。

　本来，**音素を単位とすべき**文法研究が，「かな」を使用したために，拍が単位となってしまっている。(いうなれば，**個人を研究の対象とすべきなのに，家を単位として研究してしまった。**) ……「かな」を使用したために，**動詞や形容詞の形態素が見つけられず**，また，「助動詞」がたくさん作られてしまった。

　<u>国語文法は，拍を示す「かな」の使用をやめて，音素を示す「ローマ字」を使用すべきである。そして，明示的な図という形で，構造を示すべきである。</u>

EI 0.3 活用表も改善すべき

　国語文法の現在の活用表はこうなっている。驚くほど非合理的である。

表EI-1　国語文法の活用表

		語	語幹	未然形	連用形	終止形	連体形	仮定形	命令形
国語文法	動詞	読む	よ	ま, も	み	む	む	め	め
		起きる	お	き	き	きる	きる	きれ	きろ
		食べる	た	べ	べ	べる	べる	べれ	べろ
	形容詞	白い	しろ	かろ	かっ, く	い	い	けれ	○

　この活用表を下のように改善するのである。ここでは細かい説明はしない。『主語と時相と活用と　－日本語構造伝達文法・発展Ｃ－』を参照いただければ幸いである。

表ＥＩ-2　動詞に直接に接続する形態表（新活用表）

形態の機能		詞	形　態 (nom- / tabe-)		形態の名称	国語文法
構造の形を変えない	(1) 文を終止する	描写詞	①	-(r)u	基本(終止)描写詞	終止形
			②	-e / -ro	命令描写詞	命令形
			③	-(y)oo	意志・推量描写詞	(未然形)
	(2) 主文を続ける	描写詞	④	-(i)	中止描写詞	連用形
			⑤	-(r)eba	条件描写詞	(仮定形)
	(3) 他属性や実体と関連づける	描写詞	⑥	-(i)	他属性連続描写詞	連用形
			⑦	-(r)u	実体修飾第1描写詞	連体形
			⑧	-(i)	実体修飾第2描写詞	連用形
構造に付加する	(4) 否定する	否定詞	⑨	-(a)na.k-	否定詞	(未然形)
	(5) 態を構成する	態詞	⑩	-(s)as-	原因態詞	(未然形)
			⑪	-(r)ar-	受影態詞	(未然形)
			⑫	-e-	許容態詞	なし

　　⑩⑪は動詞の主体(主語)が変化する。⑫でも変化する場合がある。

表ＥＩ-3　形容詞に直接に接続する形態表（新活用表）

形態の機能		詞	形態 (yo.k-)		形態の名称	国語文法
構造の形を変えない	(1) 文を終止する	描写詞	①	-i	基本(終止)描写詞	終止形
	(2) 主文を続ける	描写詞	④	-u	中止描写詞	連用形
			⑤	-ereba	条件描写詞	(仮定形)
	(3) 他属性や実体と関連づける	描写詞	⑥	-u	他属性連続描写詞	連用形
			⑦	-i	実体修飾第1描写詞	連体形
			⑧	-u	実体修飾第2描写詞	(連用形)

　　形容詞の①～⑧の数字は上の動詞の表の中の数字と対応している。

ＥＩ 0.4　5提言

　国語文法には多くの問題点があるが，本論文では次の5点を提言する。
　　［1］文法を「かな」で表示するのをやめること
　　［2］動詞や形容詞，態詞を形態素で把握すること
　　［3］「格」を「実体と属性の論理関係」と定義すること
　　［4］時と相の関係を図で捉えること
　　［5］動詞活用の単純化に動詞の態拡張を見ること
　この5項目につき，次ページから説明する。

EI [第1提言]　文法を「かな」で表示するのをやめること

EI 1.1　表記……文はかなで，文法はローマ字で

　国語文法では，文を表記するのに適した「かな」を，動詞や態，形容詞の文法的分析の表示にも用いているため，単純なものが複雑なものになってしまっている。

---

① 日本語は音声表記が拍を単位とするので，文の表記には「かな」が適している。

　参考までに，（　）内に音節数も示しておく。

	ここで　3拍（3音節）

　こ　こ　で　め　ず　ら　し　い　本　が　読　め　る。　　ここで　3拍（3音節）
　拍　拍　拍　拍　拍　拍　拍　拍拍拍拍　拍　拍　拍　　珍しい　5拍（4音節）
　　　　　　　　　　　　　　　　　　　　　　　　　　　本が　　3拍（2音節）
　　　　　　　　　　　　　　　　　　　　　　　　　　　読める　3拍（3音節）

---

② 文法は**音素**を単位とするので，文法の表示には「ローマ字」が適している。

　k o k o - d e　m e z u r a s i . k - i　h o n - g a　y o m - e - r u　　k は発音
　音音音音　音音　音音音音音音音音　音　音　音音音　音　音音音　音　音音　　　しない
　素素素素　素素　素素素素素素素素　素　素　素素素　素　素素素　素　素素

---

③ とはいえ，見やすさのためには，実体(名詞)類や格は「かな」で表示するとよい。

　ここ-で　珍し.k-i　本-が　yom-e-ru

　上の3種類の文は同じで，下図のように同じ構造である。╋の部分は主格を示す。

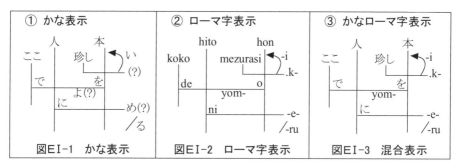

① かな表示	② ローマ字表示	③ かなローマ字表示
図EI-1　かな表示	図EI-2　ローマ字表示	図EI-3　混合表示

①の図参照　　「かな」では構造図上で属性を示すのに無理がある。
　　　　形容詞……　mezurasi.k-i を「めずらしい」と書くと，.k- の存在を示せない。
　　　　動詞・態…　yom-e-ru を「よめる」と書くと，yom- と -e- が分離できない。
　　　　　　　　　　yom-e-ru とすれば，なぜ「本」が主格なのかが正しく説明できる。
②の図参照　　全部ローマ字で，読みにくくなければ②でもよい。
③の図参照　　③の「混合表示(かなまじりローマ字表示)」が見やすいのではないか。

・①から，「かな」で表示すると動詞などの属性が正しく表示できないことがわかる。
・**構造**を示すことによって，なぜある実体が主語(主格実体)になるのかを示せる。

　国語文法では，「かな」表示のため，**属性が正しく分析できず，現象が説明できない。**あるいは，**単純なものが複雑に表現される。**これを３つの具体例で示したい。

(1)　先生に感想を<u>書かされた</u>　　　kak-as-ar-e-Øi=t-Øi=a-Øu
(2)　彼は英語が<u>読める</u>　　　　　　yom-e-ru
(3)　21日は<u>晴れるだろう</u>　　　　　hare-ru Ø-d=ar-oo
　　　21日は<u>晴れることだろう</u>　　hare-ru こと -d=ar-oo

(1)「かかされた」……正しくは kak-as-ar-e-Øi=<u>t-Øi=a-Ø</u>u である。……単純（下左図）
〈動詞-態詞-態詞-態詞-描写詞=基〉

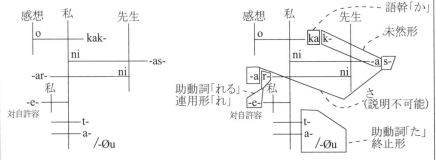

　図ＥＩ-4　形態素表示　書かされた　　　　図ＥＩ-5　国語文法での説明
　　　（描写詞は一部省略）　　　　　　　　　（構造は左図と同じ）

　　国語文法では，かな表示した右の図を次のように**複雑に説明**している。

　　　　動詞「かく」の未然形「かか」　　　　　（動詞語幹は「か」）
　　　　＋「さ」（国語文法では説明不可能）
　　　　＋ 受身の助動詞「れる」の連用形「れ」
　　　　＋ 過去の助動詞「た」の終止形「た」

<u>　かか　</u>	<u>　さ　</u>	<u>　れ　</u>	<u>　た　</u>
「かく」の未然形	（説明できない）	助動詞「れる」の連用形	助動詞「た」の終止形

　　この複雑さは，単純なもの(上左図)を「かな」を単位に説明しようとするために生じている(上右図)。

　　国語文法では ka / ka / sa / re / ta と分析しているのである。
　　　　　　　　　か　 か　 さ　 れ　 た

　　この分析・説明は，「かな」に従っているだけで，**合理性がまったくない。**

(2)「よめる」……正しくは yom-e-ru〈動詞−態詞−描写詞〉であり，単純である。(下左図)
　　-e- が可能を表す。
　　　「英語」が主格にあるのは -e- の主格にあるためである(彼に英語が読める)。
　　また，「彼」は yom-の主格にあるので，主格になりうる(彼が英語を読める)。
　　二重主語も可能である(彼が 英語が読める)。

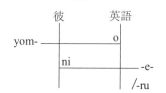

彼　　　英語

yom-　　　　　　o

　　　　　　ni

　　　　　　　　　　-e-

　　　　　　　　　/-ru

図ＥⅠ-6　形態素表示　yom-e-ru

国語文法では
構造図の書き
ようがない。

図ＥⅠ-7　国語文法

　　国語文法では「かな」で表示するので，正しい分析ができない。それで，
「よめる」という語全体を「よむ」の可能動詞としている。五段活用を下一段活
用にしたものが可能動詞である，と，活用の違いの問題としているが，そ
れでなぜ可能が示せるのかは分からない。説明しようという意欲はない。
　　国語文法では，可能動詞がなぜ可能を表すかの説明はできない。

---

(3)「だろう」……正しくは -d=ar-oo である。〈-格詞=動詞−描写詞〉……単純 (下左図)

21日　　　　　Ø/こと
　　　　-ru

　　　　hare-　　　◇

　　　　　　d(e)

　　　　　　　　　ar-

　　　　　　　　/-oo

晴れる(Ø/こと)だろう
図ＥⅠ-8　形態素表示

国語文法では
構造図の書き
ようがない。

図ＥⅠ-9　国語文法

　　　国語文法では，断定の助動詞「だ」の未然形「だろ」に，推量の助動詞
「う」の終止形を加えたものと説明している。(複雑，誤認識)

　　　だ　　ろ　　　　　　　う　　　　　　(つまり，da / ro / o と分析)
　助動詞「だ」の未然形　助動詞「う」の終止形　　　　　だ　　ろ　う
　　　この分析は，「かな」に従っているだけで，合理性がない。

　　国語文法は，動詞や形容詞，態詞という属性の分析において，「拍」(かな表示)を単位と
することをやめ，「音素」(ローマ字表示)を単位とするべきである。いったい，分析に「かな」
(拍)を用いる理由は，合理的に説明できるのだろうか。　昔からそうであったから，とい
う説明なのだろうか。

コラムＥ１　　　　　　　　　　　　　　　　　　　　　　今泉喜一
国語文法への５つの質問

　国語文法に対して質問がある。この論文で扱ったことが中心になる。以下の5項目につき，回答が得られれば幸いである。

[1] 文法の分析に「かな」を使う根拠は何か。

　　・なぜ，拍が単位となる「かな」で分析するのか。その根拠は何か。
　　・「未然形」を設置する理由を説明してほしい。
　　・「かかされた」の「さ」はどう説明すればよいのか。
　　・可能動詞（「よめる」等）が可能を表すことは，どう説明するのか。

[2] 国語文法のいう「形態素」は名詞関係だけのようである。動詞や形容詞，態には形態素はないのか。

　　・国語文法が動詞などで「形態素」を重視しない理由を説明してほしい。
　　・「よむ」は「よ・む」が正しくて，yom-u は誤りか。
　　・形容詞の .k- という形態素についてどう評価するか。
　　・態の形態素，特に「許容態」 -e-, -ur- について，どう評価するか。

[3] 国語文法では「格」をどう捉えているのか。その根拠は何か。

　　・国語文法の「格」の定義は意味があるか。西洋文法を参考にしたものか。
　　・国語文法で，「名詞」と「動詞」の論理関係を表す概念，用語は何か。

[4] 時(テンス)と相(アスペクト)の関わりについてどう考えるか。

　　・国語文法では，時(テンス) と 相(アスペクト) をどう定義しているか。
　　・国語文法で，時(テンス) の図示は可能か。
　　・国語文法で，相(アスペクト) の図示は可能か。
　　・国語文法で，時(テンス) と 相(アスペクト) の関わりの図示は可能か。
　　・相対時表現は，日本語でも特に現代語に特有のものか。

[5] 動詞は歴史的に活用が単純化した。この事実はなぜ起こったと考えるか。

　　・国語文法では，「動詞の活用の単純化」を「目的」として説明するのか。
　　・態拡張により必要な動詞が作られたという考察をどう評価するか。
　　・「動詞の活用の単純化」は「目的」ではなく，態拡張の「結果」ではないか。
　　・「係り結び」の現象は「動詞の態拡張」抜きに考えられないのではないか。

EI ［第2提言］　動詞や形容詞，態詞なども形態素で把握すること

EI 2.1　形態素を詞とする

　どの国語研究事典，日本語研究事典を見ても，「形態素」が記述されているのは名詞類についてである。(動詞の形態素もあるにはあるが，名詞形としてのものだけ。)

> 　日本語構造伝達文法のいう**形態素**とは次のようなものである。
> 　　**形態素……意味と文法的機能をもつ最小言語単位**
> この形態素を，本文法では「**詞**」とよぶ。

> 　たとえば，yom- は「読む」という意味をもつ「**動詞**」であり，-u は「終止」や「実体修飾」の意味を表す「**描写詞**」である。両者で形成する yom-u は「**動詞語**」である（『文法』5.1, 5.3 参照）。

yom-	動詞
-u	描写詞
yom-u	動詞語

　ここでは5種類の形態素（動詞，形容詞，態詞，描写詞，国語文法の「助動詞」）を取り上げ，以下に，形態素(1)〜形態素(5)として見出しとすることにする。

EI 2.2　形態素(1)　動詞

　国語文法では，「動詞語幹」を次のように定義している。(　)は今泉補記。
　　（かなで表示した）動詞の変化しない部分
　この定義のために，言語学的には珍妙な語幹になっていて，**語幹では動詞が特定できない**。この異様な事態が，令和の今日までずっと続いていて，(ほうっておけば)今後も続くであろうことは，まさに驚くべきことである。
　語幹で動詞が特定できない例として，コラムV5で示した，「た」を「語幹」とする動詞の一覧表を再掲する。**ローマ字表記なら，語幹で動詞が特定できる**。

表EI-4　　国語文法で「た」を語幹とする動詞……語幹で動詞が特定できない

	動詞	かな表記	かな語幹	ローマ字表記	ローマ字語幹	
五段活用動詞	炊く	たく	た	tak-u	**tak-**	子音末動詞
	足す	たす	た	tas-u	**tas-**	
	立つ	たつ	た	tat-u	**tat-**	
一段活用動詞	絶える	たえる	た	tae-ru	**tae-**	母音末動詞
	建てる	たてる	た	tate-ru	**tate-**	
	貯める	ためる	た	tame-ru	**tame-**	
	足りる	たりる	た	tari-ru	**tari-**	
	食べる	たべる	た	tabe-ru	**tabe-**	

　　　　　　　　　　　　ローマ字表記なら，語幹で動詞が特定できる。

前ページの表のとおり，国語文法はかな表示のため，語幹で動詞が特定できない。
　下に国語文法の「かな」で表示する動詞の活用の例を示す。そのあとで，それを本文法の「ローマ字」で表示する形態素で示す。両者を対照することで違いが分かるだろう。「読む」「起きる」を例とする。

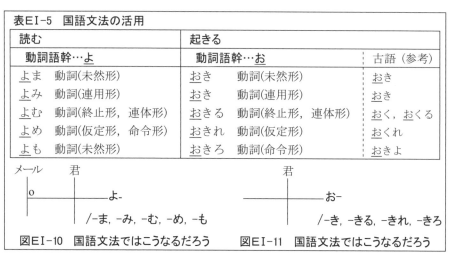

表ＥⅠ-5　国語文法の活用

読む		起きる		
動詞語幹…よ		**動詞語幹…お**		古語（参考）
<u>よ</u>ま	動詞(未然形)	<u>お</u>き	動詞(未然形)	<u>お</u>き
<u>よ</u>み	動詞(連用形)	<u>お</u>き	動詞(連用形)	<u>お</u>き
<u>よ</u>む	動詞(終止形，連体形)	<u>お</u>きる	動詞(終止形，連体形)	<u>お</u>く，おくる
<u>よ</u>め	動詞(仮定形，命令形)	<u>お</u>きれ	動詞(仮定形)	<u>お</u>くれ
<u>よ</u>も	動詞(未然形)	<u>お</u>きろ	動詞(命令形)	<u>お</u>きよ

メール　君

```
 o               君
 |───────よ-
      |
      | /-ま, -み, -む, -め, -も
```

```
              君
 ─────────お-
              |
              | /-き, -きる, -きれ, -きろ
```

図ＥⅠ-10　国語文法ではこうなるだろう　　　図ＥⅠ-11　国語文法ではこうなるだろう

上記のものを日本語構造伝達文法の「形態素」で扱うとこうなる。異なる。

表ＥⅠ-6　活用の形態素表示

読む　　yom-u		起きる　　oki-ru		
動詞語幹(動詞)… <u>yom-</u>		**動詞語幹…** <u>oki-</u> (現代語のみの語幹)		古語語幹(3形)
~~yom-a~~	(-a という形態素はない)	oki-	動詞語幹	<u>ok;i-</u>
<u>yom</u>-i	動詞語(連用機能ほか)	oki-Ø	動詞語(連用機能ほか)	<u>ok;i</u>-Ø
<u>yom</u>-u	動詞語(終止・連体機能)	oki-ru	動詞語(終止・連体機能)	<u>ok</u>-u, <u>ok;ur</u>-
<u>yom</u>-e	動詞語(命令機能)	~~oki-re~~	(-re という形態素はない)	<u>ok;ur</u>-e
~~yom-o~~	(-o という形態素はない)	oki-ro	動詞語(命令機能)	<u>ok;i</u>-yo

メール　君

```
 o               君
 |───────yom-
      |
      | / -i, -u, -e, -oo
```

```
              彼
 ─────────oki-
              |
              | / -Ø, -ru, -reba, -ro
```

図ＥⅠ-12　形態素表示　　　　　　　　図ＥⅠ-13　形態素表示

　ここでは簡単にしか触れていないが，上に見るだけでも**国語文法の動詞の捉え方が**いかに**「かな」にとらわれたものであるか**が分かる。

EI 2.3 形態素(2) 形容詞

形容詞は **形容実詞.k-** のような形をしている。

たとえば， aka.k- hiro.k- omosiro.k- などである。

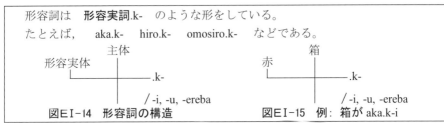

図EI-14 形容詞の構造　　　図EI-15 例：箱が aka.k-i

国語文法での形容詞の扱いと，構造伝達文法での扱いの対比を表にしてみる。

表EI-7 形容詞の扱いの違い （現代語）

	形容詞	語幹	未然形	連用形	終止形	連体形	仮定形	命令形
国語文法	よい	よ	かろ	かっ, く	い	い	けれ	○
構造伝達文法	yo.k-i	yo.k-	-	-u	-i	-i	-ereba	–

終止形，連体形の yo.k-i の k は音便化して発音されなくなった。これを $\boxed{k}$ で示す。yo.$\boxed{k}$-i （よい）

国語文法の扱う現代語の形容詞活用を，形態素で示せばこうなる。

表EI-8 国語文法の形容詞活用を形態素で示す （下線部が国語文法での語尾）

よ<u>かろ</u>	yo.k-u̶=ar-oo	「かろ」の中には「動詞 ar-」が入っている。-u 発音せず。
よ<u>かっ</u>	yo.k-u̶=ar-i=t-Ø=a-Ø	「かっ」は「動詞 ar-」のタ形の一部である。-u 発音せず。
よ<u>く</u>	yo.k-u	これは連用形だから上の2つの中に入っている。
よ<u>い</u>	yo.$\boxed{k}$-i	.k-i の k は発音されない($\boxed{k}$)。これは「書きて」が
よ<u>い</u>	yo.$\boxed{k}$-i	音便形「書いて ka$\boxed{k}$-i=te-Ø」となるのと同じ。
よ<u>けれ</u>	yo.k-ereba	国語文法で.k-ere だけを仮定形といっているのは問題。

(1) 終止形は古語では「(よ)<u>し</u> (yo.)s-i」と言っていたが，鎌倉時代に「(よ)<u>き</u> (yo.)k-i」に統一されて，これがすぐに「(よ)<u>い</u> (yo.)$\boxed{k}$-i」という音便形になった。鎌倉時代以降，「(よ)<u>し</u>」の形も使用されたが，江戸時代以降は「(よ)<u>い</u>」だけである。(古くからの言い方の残っているものや，古語表現にする場合は，現代語でも「(よ)<u>し</u>」を使う。)

(2) 推量や過去を表すときには，下図のように，動詞の ar- を付け加える。

図EI-16 推量 aka.k-u̶=ar-oo　　　図EI-17 過去 aka.k-u̶=ar-i=t-Ø=a-Ø

国語文法のように，形容詞を「かな」で扱うと構造が分からない。分析したうえでの説明ができない。この項の冒頭に示したように形容詞も**形態素と構造**で捉えるのがよい。

| ＥⅠ | 2.4　形態素(3)　態詞 |

態……ある主体と属性が結びつくことに対して, ある客体が関わりを持つこと。

図EⅠ-18　態　　　　　図EⅠ-19　態の例　父親が息子を odorok-as-

態詞には下の4つがある。④は, 現代語では動詞の中に残っているだけである。
国語文法には①と④の認識はなかった。1つずつ検討してみる。

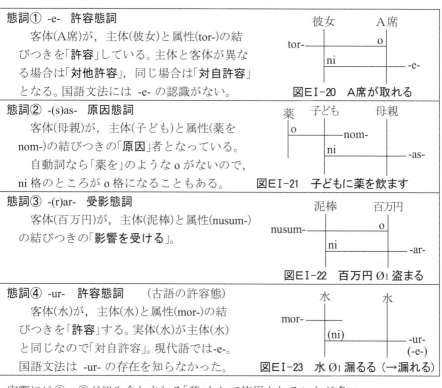

態詞①　-e-　許容態詞

　　客体(A席)が, 主体(彼女)と属性(tor-)の結びつきを「許容」している。主体と客体が異なる場合は「対他許容」, 同じ場合は「対自許容」となる。国語文法には -e- の認識がない。

図EⅠ-20　A席が取れる

態詞②　-(s)as-　原因態詞

　　客体(母親)が, 主体(子ども)と属性(薬をnom-)の結びつきの「原因」者となっている。

　　自動詞なら「薬を」のようなoがないので, ni 格のところがo格になることもある。

図EⅠ-21　子どもに薬を飲ます

態詞③　-(r)ar-　受影態詞

　　客体(百万円)が, 主体(泥棒)と属性(nusum-)の結びつきの「影響を受ける」。

図EⅠ-22　百万円 $\emptyset_1$ 盗まる

態詞④　-ur-　許容態詞　　(古語の許容態)

　　客体(水)が, 主体(水)と属性(mor-)の結びつきを「許容」する。実体(水)が主体(水)と同じなので「対自許容」。現代語では-e-。
国語文法は -ur- の存在を知らなかった。

図EⅠ-23　水 $\emptyset_1$ 漏るる (→漏れる)

実際には①〜③が組み合わされる「基」として使用されることが多い。

　［原因基］　(nom)-as-e-　　　　　［受影基］　(nusum)-ar-e-,

　［原因受影基］　(nom)-as-e-rar-e-　　［二重原因基］［二重原因受影基］などもある。

国語文法では「せる・させる」「れる・られる」という助動詞として扱うので, このような音素単位の形態素分析はできず, 複雑な扱いとなっている。

国語文法は態の形態素を認識すべきであり, 構造も捉えるべきである。

EI 2.5 形態素(4) 描写詞

動詞(nom-, tabe-)・形容詞(yo.k-)は，それだけでは使用されず，必ず描写詞（-u, -i など）を伴って，語として使用される。

表EI-9 描写詞がついて語に

動詞語の例	形容詞語の例
nom-u tabe-ru	yo.k-i
nom-i tabe-Ø	yo.k-u
nom-oo tabe-yoo	yo.k-ereba

描写詞とは，動詞，形容詞を活用するために，動詞，形容詞に直接に付加する要素（付加形態素）のことで，下表①〜⑧の数字のついたものである。構造の形は変えない。

表EI-10 動詞の描写詞の表（動詞に直接に付加する形態素の表）

付加形態素の機能		詞	付加形態素 (語幹 nom- / tabe-)	付加形態素の名称	国語文法
構造の形を変えない	(1) 文を終止する	描写詞	① -(r)u	基本(終止)描写詞	終止形
			② -e / -ro	命令描写詞	命令形
			③ -(y)oo	意志・推量描写詞	(未然形)
	(2) 主文を続ける	描写詞	④ -(i)	中止描写詞	連用形
			⑤ -(r)eba	条件描写詞	(仮定形)
	(3) 他属性や実体 と関連づける	描写詞	⑥ -(i)	他属性連続描写詞	連用形
			⑦ -(r)u	実体修飾第1描写詞	連体形
			⑧ -(i)	実体修飾第2描写詞	連用形

表EI-11 形容詞の描写詞の表（形容詞に直接に付加する形態素の表）

付加形態素の機能		詞	付加形態素 (語幹 yo.k-)	付加形態素の名称	国語文法
構造の形を変えない	(1) 文を終止する	描写詞	① -i	基本(終止)描写詞	終止形
	(2) 主文を続ける	描写詞	④ -u	中止描写詞	連用形
			⑤ -ereba	条件描写詞	(仮定形)
	(3) 他属性や実体 と関連づける	描写詞	⑥ -u	他属性連続描写詞	連用形
			⑦ -i	実体修飾第1描写詞	連体形
			⑧ -u	実体修飾第2描写詞	連用形

意志・推量，命令を表現するときには，yo.k-Øu=ar-oo, yo.k-Øu=ar-e のように，動詞 ar- を加えて形容詞を疑似動詞にして使用する。否定は yo.k-u na.k-i のように ⑥ の形を用いる。

上の2つの表の，「国語文法」の欄に（ ）内に示されているものがある。これは，
・国語文法での「未然形」は -(y)oo ではなく，「のも nomo」「たべ tabe」であることを示し，
・国語文法での「仮定形」は -ereba ではなく，「のめ nome」「たべれ tabere」「よけれ yokere」であることを示している。……つまり，国語文法では，描写詞の一部かゼロを取り込んだものであることを表している。

国語文法では「かな」で表示するので，語幹と描写詞が分離できない。

ＥＩ　2.6　形態素(5)　国語文法の「助動詞」を形態素表示

国語文法の現代語の「助動詞」というものを形態素で捉えると下表のようになる。

説明時に，たとえば「ない」は，形態素表示では -(a)na.k-i だけですむが，国語文法では，「動詞未然形に接続し，形容詞活用をする」といわねばならない。冗長である。

表ＥＩ-12　国語文法の「助動詞」を形態素で表示する

	国語文法		日 本 語 構 造 伝 達 文 法		
	助動詞	基，詞	（形態素表示）	例1	例2
①	使役 せる,させる	原因基	-(s)as-e-ru	kak-as-e-ru	tabe-sas-e-ru
②	受身 れる,られる	受影基	-(r)ar-e-ru	kak-ar-e-ru	tabe-rar-e-ru
③	打消 ない	否定詞	-(a)na.k-i	kak-ana.k-i	tabe-na.k-i
	打消 ぬ	否定詞	-(a)nu	kak-anu	tabe-nu
④	意志 う,よう	意志詞	-(y)oo	kak-oo	tabe-yoo
⑤	希望 たい	希望詞	(-i)=ta.k-i	kak-i=ta.k-i	tabe-Ø=ta.k-i
	希望 たがる	希望詞	(-i)=ta.gar-u	kak-i=ta.gar-u	tabe-Ø=ta.gar-
⑥	丁寧 ます	丁寧詞	(-i)=mas-u	kak-i=mas-u	tabe-Ø=mas-u
⑦	過去 た	完了基	(-i)=t-Ø=a-Ø	kak-i=t-Ø=a-Ø	tabe-Ø=t-Ø=a-Ø
⑧	様態 そうだ	様態基	(-i)=soo-d=a-Øu	kak-i=soo-d=a-Ø	tabe-i=soo-d=a-Ø
⑨	伝聞 そうだ	伝聞基	-(r)u=soo-d=a-Øu	kak-u=soo-d=a-Ø	tabe-ru=soo-d=a-Ø
⑩	打消推量 まい	否定推量詞	-(r)u=mai	kak-u=mai	tabe-ru=mai
⑪	推量 らしい	推量詞	-(r)u=rasi.k-i	kak-u=rasi.k-i	tabe-ru=rasi.k-i
⑫	比況 ようだ	比況基	-(r)u=yoo-d=a-Ø	kak-u=yoo-d=a-Ø	tabe-ru=yoo-d=a-Ø
	比況 みたいだ	比況基	mi-Ø=t-Ø=a-Ø=i-d=a-Ø	kak-u=mi-Ø=t-Ø=a-Ø=i-d=a-Ø	tabe-ru=mi-Ø=t-Ø=a-Ø=i-d=a-Ø
⑬	断定 だ	断定基	-d=a-Ø	isu-d=a-Ø	
	断定 です	断定基	de=ar-i=mas-u	isu-de=ar-i=mas-u	☐ 部分は発音しない

⑫「みたいだ」は元は「みたようだ」。つまり，「い」の元の形は「よう」。i ← yoo

①～⑬のそれぞれは，下記の参照箇所に構造図がある。(ただし，④は描写詞なので構造を作らない。それで，構造図はない。)

表ＥＩ-13　①～⑬の構造図の参照箇所

	構造図のある参照箇所		構造図のある参照箇所
①	S3.3 原因態／原因基	⑧	C5.11(3)，W6.7 参考，U3(5c)
②	S3.4 受影態／受影基	⑨	W6.7
③	S1.11 否定，　文法 第30章	⑩	(「まい」については検討中)
④	S1.13 活用表，文法 p.42, p.242	⑪	コラムU2，C12.3 4)
⑤	U2.(5c)	⑫	A19.1 2)，C12.3 4)
⑥	S1.7，文法 10.2，第31章	⑬	−5S1.7 「断定基」の構造
⑦	T1.5 タ		

EⅠ ［第3提言］ 「格」を「実体と属性の論理関係」と定義すること

EⅠ 3.1 「格」の国語文法での定義

「格」の定義は，国語文法では，このようになっている。

　　名詞・代名詞などが文中の他の語(自立語)に対してもつ意味的な関係
　　主格，所有格，目的格などがある。
　　格を表す格助詞は「が，の，に，を，へ，で，と，より，から，まで」である。

EⅠ 3.2 「格」の本文法での定義

> これに対して，構造伝達文法は「格」をこのように定義している。
> **　　格……実体が属性に対してもつ論理関係**
> 　つまり，国語文法での定義では「他の語」となっているところを，「属性」に
> してある。これは，「他の語」という表現では「名詞」も含まれてしまうが，「属性」
> という表現では「名詞」は含まれないからである。

　名詞そのままでは属性にならない。たとえば，「勉強」は名詞であるが，「勉強(を)する」となれば，全体で動詞のようになり，「属性」となる。(正確には「する」が属性。)

　国語文法でいう「連体格」は格ではない。たとえば，「私の靴」という表現において，一般には「の」が所有格を表すといわれる。「格」は「名詞と属性との論理関係」なのだから，「靴」は属性でなく名詞なので，「の」は格を示していないことになる。つまり，**「所有格」という格はない**のである。(古代ラテン語等には「所有格」があるが，これは「格」の定義が名詞の変化を意味していたからである。「格」の定義が異なるのである。)

EⅠ 3.3 格詞

> 格を示す「格詞」は次のとおりである。
>
> 　　$\emptyset_1$(主格詞)， が， を， に， へ， で， と， より， から， まで， $\emptyset_2$
> 　($\emptyset_1$,　　　　ga,　o,　ni,　e,　de, to,　yori,　kara,　made,　$\emptyset_2$)

これを国語文法の「格助詞」と比べると，次のように異なっている。
・「の」は格を示さないので，格詞ではない。(国語文法では，「の」は「格助詞」。)
・本来的な主格は音による形がないので，ゼロで示す。「$\emptyset_1$(主格詞)」
・属性との論理関係が自明で，格詞を用いない客格は「$\emptyset_2$」で示す。
　　例： 明日$\emptyset_2$行く。(「明日」は，「行く」の「生起の時」を表すことが自明。)
　これは格詞の「省略」とは異なる。たとえば，格詞「に」の省略なら「 $\emptyset ni$ 」のように ni の省略であることを示す。(どこに行くの。→ どこ $\emptyset ni$ 行くの。)

ＥＩ　3.4　構造上での「格」の示し方

　主格は属性の板の中央の位置に置き（下左図），客格は周辺に置く（下中央図）。したがって「明日∅2 彼が東京から福島にバスで行く。」という文の構造は下右図のようになる。

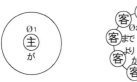

図ＥＩ-24　主格　　　　図ＥＩ-25　客格

明日∅2 彼が東京から福島にバスで行く
図ＥＩ-26　構造例

ＥＩ　3.5　文中での「格」

　文中では，名詞は述語に対して格（論理関係）を持っている。上の構造を文の形で示してみる。簡略構造図を右に示す。

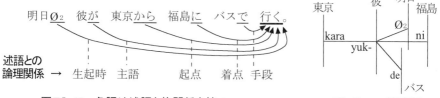

図ＥＩ-27　名詞は述語と格関係を持つ　　　　図ＥＩ-28　簡略図

　上の例は非常に基本的なものであるが，言いたいことは，**文中の名詞はすべて述語と論理関係を持っており，その論理関係は「格詞」が示す**，ということである。格詞はゼロ（∅）のこともあるが，そのときでも，「格」（述語との論理関係）はある。

ＥＩ　3.6　同名格

　格（名詞と属性の論理関係）は分類のし方にもよるが，おそらく 1,000 以上はあるだろう。これを 10 前後の格詞で分担して示すとすると，1つの格詞で異なる格を受け持たねばならなくなる。すると，たとえば，格詞「に」が，多数の格を受け持つことになる。

　同じ格詞で表現される異なる格を「同名格」という。「に格」を例にとり，図で示せば右図のようになる。

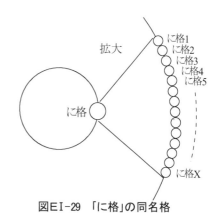

図ＥＩ-29　「に格」の同名格

EI ［第4提言］　時と相の関係を図で捉えること

　日本語の述語部分は，**時**(テンス)と**相**(アスペクト)が組み合わされて表現されている。国語文法ではこの認識が弱い。(時と相のどちらか一方で捉える場合，また，どちらでも捉えない場合については次ページの4.4参照。)

　時と相の図示によって，時相が容易に理解できるようになる。

EI 4.1　時の定義

時は，その事象の生起時点が，基準点より前であるか，後であるかを示す。

基準点は日本語には2種類ある。

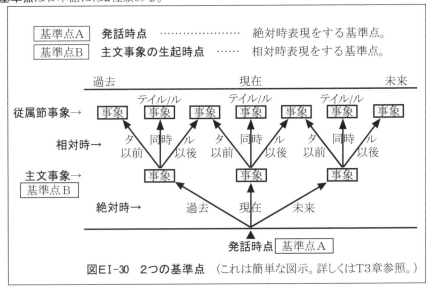

図EI-30　2つの基準点　（これは簡単な図示。詳しくはT3章参照。）

EI 4.2　相の定義

相は，事象全体の中での，**言及する局面の位置**を示す。下図の①～⑥である。

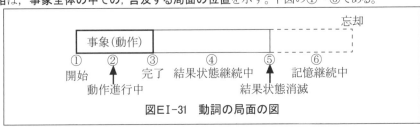

図EI-31　動詞の局面の図

国語文法では，時相の概念があいまいである。

　「時相」を示すときは，「**時(テンス)**」を先に示し「**相(アスペクト)**」をあとで示す。たとえば，次の「歌っていた」は「**過去・進行中**」と表す。表現とは順序が逆である。
　　　　彼女はさっき歌っていた。　　[42]
　これは，下の図において，発話時点が40，言及局面が2であり，40＋2＝42で，[42]のように2桁数で簡単に表せる。表現では，相，時の順である。

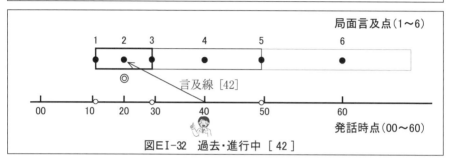

局面言及点(1〜6)

言及線 [42]

発話時点(00〜60)

図ＥＩ-32　過去・進行中 [42]

　同じ「歌っている」でも，次の場合は[02]の「**未来・進行中**」になる。
　　　　彼女は明日2時ごろ歌っている。　　[02]
次の場合はそれぞれ表示のようになる。
　　　　彼女はあの日フランス語で歌っている。……「**現在・記憶**」 [44][66]
　　　　彼女はあの日フランス語で歌っていた。……「**過去・進行中**」 [42][62]
国語文法にはこのような捉え方がない。時と相が適切に把握できていないのである。

　時相の実際の表れ方は4種類ある。①時相表現のない場合，②相のみ表現する場合，③時のみ表現する場合，④時相を表現する場合，の4種類である。

表ＥＩ-14　現代語の時相表現4種類

時相表現		相 (アスペクト)	時 (テンス)	表現例		
				過去	現在	未来
①	無時相表現	質的 ×	×	ル	存在動詞AB 動き動詞	
②	相のみ表現	現象的側面 ○	×	テイル	存在動詞B 動き動詞	
③	時のみ表現	×	○	タ 存在動詞AB 動き動詞	ル 存在動詞AB ~~動き動詞~~	ル 存在動詞AB 動き動詞
④	有時相表現	○	○	テイタ 存在動詞B 動き動詞	テイル 存在動詞B 動き動詞	テイル 存在動詞B 動き動詞

　存在動詞Aは「ある，いる」。存在動詞Bは「思う，困る，感謝する，見える」等

E I ［第5提言］ 「動詞活用の歴史的単純化」に「動詞の態拡張」を見ること

E I 5.1 動詞の態拡張

日本語は，原動詞に態詞を付加して，動詞を増やしてきた。
このことを動詞の態拡張という。
　　たとえば，「分く wak-」という原動詞は態詞を取り込んで新しい動詞を作った。

わく(分く)	wak-	→	wak;e-	分ける
			wak;ar-	分かる
			wak;ar;e-	別れる

　　この例のように，原動詞に -e-, -ar-, -as- などの態詞が付加され，その態詞が語幹化して新しい動詞が誕生した。**動詞化した態詞は，「 ; 」で示す**ことにしている。

$$wak\text{-}e\text{-} \quad \rightarrow \quad wak;e\text{-}$$

　実に多くの原動詞がこの態拡張をしたが，それは 12 の方式に分類できる。(『日本語態構造の研究 －日本語構造伝達文法・B－』や『日本語のしくみ(4)』参照。)
　いま例として，12 方式中の第2方式にある「開く ak-」という動詞を取り上げてみる。この動詞は次の図のように，態拡張して現代語の「開ける ak;e-」を生んだ。

表E I -15　原動詞 ak- が態拡張して ak;e- へ　　　（V3.2 Z2 の表）

	原自動詞	ak-　　（開く）					
		連用形	終止形	連体形	已然形	命令形	
推定	前文献時1	ak-i	ak-u	ak-u	ak-ë	ak-i=a	
	前文献時2	ak-ay-i				ak-ay-i=a	
	前文献時3	ak;ë-Ø				ak;ë-yö	
	前文献時4		ak;Ø-u	ak;ur-u	ak;ur-e		
	以下，文献記録時代						
3語幹	奈良時代	ak;ë-Ø	ak;Ø-u	ak;ur-u	ak;ur-e	ak;ë-yö	下二段活用
	平安時代	ak;e-Ø				ak;e-yo	
2語幹	鎌倉時代						
	室町時代		ak;ur-u				
	江戸・前期						
1語幹	江戸・後期					ak;e-ro	下一活
	現代	ak;e-Ø	ak;e-ru	ak;e-ru	(なし)		

　奈良時代には，ak;e-, ak;Ø-, ak;ur- という3形末動詞になっていた。
　鎌倉時代には，ak;e-, (ak;Ø- →) ak;ur- の2形末動詞になった。
　江戸時代後期に今日の ak;e- (← ak;ur-) の1形末動詞になった。

　現象面だけで見ると，いわゆる下二段活用が下一段活用に変わったことになる。国語学は，これを「活用形式を整理したもの」とした。つまり，活用表の中の「く」という要素を，単純に「け」に「統合した」ものとした。(下の国語文法の活用表にある「未然形」の存在は，理論的には認められないので，前ページの表には欄がない。)

表ＥＩ-16　国語文法の活用表　　　(いわゆる下二段活用が下一段活用に変わる)

		動詞	語幹	未然形	連用形	終止形	連体形	已然形	命令形
奈良	下二段活用	あく	あ	け(乙)	け(乙)	く	くる	くれ	け(乙) 「よを付けた例なし」
現代	下一段活用	あける	あ	け	け	ける	ける	けれ	けろ, けよ

　確かに，現象面だけで見れば，活用形式の整理である(下表，二重線の左側)。

表ＥＩ-17　　「活用の整理」と，その実質　　　(コラムV2 の表より)

	活用の整理 (国語文法)		その実質は動詞の態拡張		
	元の活用	現代語の活用	語例(現代語)	方式	参照
①	下二段活用 →	下一段活用	開ける ak;e-	方式[2]	
②	上二段活用 →	上一段活用	起きる ok;i-	方式[3]	
③	上一段活用 →	上一段活用	見る mi-	方式[1]	
④	四段活用		読む yom-	方式[1]	
⑤	ラ変活用	五段活用	ある ar-	方式[1]Vp.87	
⑥	ナ変活用		死ぬ sin-	方式[3]Vp.86	
⑦	下一段活用		蹴る ke;r-	方式[1]	
⑧	カ変活用 →	カ変活用	来る k;ur-	方式[3]Vp.85	
⑨	サ変活用 →	サ変活用	する s;ur-	方式[3]Vp.84	

　表から読みとれることは以下のとおり。
- いわゆる「上二段活用」「下二段活用」がなくなったこと
- いわゆる「四段活用」「ラ変活用」「ナ変活用」および「〈蹴る〉の下一段活用」が「五段活用」に一本化されたこと

　つまり，「活用形式が整理されて少なくなった」。……国語文法の捉え方は，日本語話者が歴史を通じて活用を整理して，日本語を合理化したということなのである。確かに，現象面だけを見れば，そう言うことはできる。これは「係り結び」考察にも関係する。

　　しかし，その現象はなぜ生じたのか，その実質は何であったのか，を考えねばならないのではないか。…実質は**動詞の態拡張**なのである(上表，二重線の右側)。これについては『日本語のしくみ（4）』のV3章で詳しく述べた。また，『日本語態構造の研究 －日本語構造伝達文法・B－』で，より詳しく研究している。

ＥＩ 5.2　「活用の整理」は目的ではなく，「動詞の態拡張」の結果である

　ある研究では，活用形を少なくすることが**目的**で，それにより「活用の整理」がもたらされたとする。それは違う。「活用の整理」は「動詞の態拡張」がもたらした**結果**なのである。

コラムE2　　　　　　　　　　　　　　　　　　　　　今泉喜一

断捨離すべき不要な概念，用語

　国語文法には，日本語構造伝達文法の視点から見ると，不要な概念，用語がある。この論文に関係するものの一部だけを取り上げる。

■　たとえば，「**未然形**」である。これは定義のしようがない。未然形は「書かせる」の「書か kak-a」の部分であるが，-a が何か意味を持っているだろうか。

　「花咲かじじい」の「咲か sak-a」に -a があるが，これは「咲かせ sak-as-e-」の略であるので，-a は原因態詞 -as- の一部なのである。……ちなみに，「書かない」は kak-ana.k-i であり，「書かれる」は kak-ar-e-ru，「書こう」は kak-oo である。

　どこからも -a という形態素は出てこない。したがって，「未然形」は定義できない。「未然形」は不要な用語なのである。

■　また，「**上一段活用動詞**」というが，これは「落ちる oti-ru」のように動詞末が i で終わることを意味しているにすぎない。「i 末動詞」のほうが適切である。

　同様に「**下一段活用動詞**」も不要。「やせる yase-ru」のように動詞末が e で終わることを意味しているだけだからである。「e 末動詞」のほうが適切である。

　「**五段活用動詞**」は，「取る tor-u」のように動詞末が子音で終わっていることを示すだけである。「**子音末動詞**」のほうが適切である。

　「上一段活用」「下一段活用」「五段活用」は，動詞が正しく捉えられない「かな」を使う国語文法だからこそ必要になった用語である。

■　古語の「**四段活用動詞**」は子音末動詞である。「**上二段活用動詞**」，「**下二段活用動詞**」は，奈良時代から鎌倉時代までは「**3形末動詞**」，鎌倉時代から江戸時代前期までは「**2形末動詞**」であり，江戸時代後期以降は「**1形末動詞**」となった。

表Eコ-1　動詞末　（3形，2形，1形）

	咲く sak-u		起く ok;∅-u		寄す yos;∅-u	
奈良～鎌倉	四段活用動詞 / 子音末動詞	sak-	上二段活用動詞 3形末	ok;i- ok;∅- ok;ur-	下二段活用動詞 3形末	yos;e- yos;∅- yos;ur-
鎌倉～江戸前期			2形末	ok;i- ok;ur-	2形末	yos;e- yos;ur-
江戸後期以降			1形末	ok;i-	1形末	yos;e-
	子音末動詞		i 末動詞		e 末動詞	

■　「**格**」は「実体と属性の論理関係」と定義したので，「**連体格**」は矛盾していて，不要。「格」とは「連用格」のことなのだから，「**連用格**」もいらないことになる。

　国語文法には必要であっても，構造伝達文法の観点からは，断捨離して整理すべき不要な概念・用語が多い。

ＥⅡ論文

「の」および「相対時表現」について
― 日本語教育の現場で ―

今泉 喜一

要　旨

　日本語教育にたずさわる前田公子さんのいくつかの疑問から2点を選んで，構造伝達文法の視点から論述した。「**の**」については，「の」自体が意味を持つのではなく，状況が意味を持つこと。これを教えること。「**相対時**」については，教授者として，「絶対時」との違いを図示により理解しておくこと。学習者にとって問題となるのは，現代日本語特有の「相対時」を入れることで，「絶対時表現」との異なりが生じることであること。また，教授者として心得ておくべきことも述べた。
キーワード：の,「の」の意味, 相対時, 絶対時, 基準点

1「の」
1.1　問題点
　「の」は，自分で理解したり教えたりするのに苦労している語である。例を2つ挙げてみる。
　(1)「所有」の意味？
　　　・まず，「私の本」で，「の」は「所有の意味で名詞を修飾する」として教える。
　　　・後日「私のです」があり，修飾される名詞のない形もあると説明する。
　　　・「日本の会社」「木の椅子」が出てくると，「所有」ではどうにもならなくなる。
　(2) 他の助詞との関係
　　　・「あなたのいた夏」と「あなたがいた夏」は何が違うか。
　このわずかな例だけでも，「の」をどう理解し，どう教えればよいのか，問題のあることが分かる。
1.2　日本語構造伝達文法での「の」の説明
　日本語構造伝達文法では「の」を次のように捉えている。
　　　　「の」は構造上にある2つの実体(名詞)，A，Bをつなぐ。「AのB」（S1.6参照）
　　　　　　・「構造上にある」ということは，論理関係があるということである。
　　　　　　・「の」はAとBをつなぐだけで，「の」そのものには意味はない。
　　　　　　・結果として，「Aの」がBを修飾することになる。
　この理論での理解を念頭に置きながら以下の論を進める。

1.3 これまでの教育

　まず，「私の本」を教える。この「の」は「所有」を表していて，「私の」が名詞を修飾する，と教える。そして，「私のペン」，「私の名前」などで練習する。

　　　「私の本」……［練習］「私のペン」，「私の名前」

　しかし，その後，「日本の車が欲しいです」が出てきて，この説明に支障をきたす。

　　　「日本の車」　　所有？　日本が持っている車？

それで，この「の」は「所有」ではなく，「生産国（〜で作った〜）」であると説明する。

　すると，次のように理解される。

　　　「の」には「所有」と，「生産国」という2つの意味がある。

　このように教えていくと，「の」が出てくるたびに，「の」の意味がふえていく。

　　　この「の」は「メーカー」　（A社のパソコン）

　　　この「の」は「所属先」　　（日本語学校の学生）

　　　この「の」は「材質」　　　（もめんのハンカチ）

　　　この「の」は「職位」　　　（社長の田中）

　学習者のうんざりした表情を見るのは，毎回のこととなる。

　　　学習者からの質問……「の」にはいったいいくつの意味があるのですか。

1.4 提案:「の」の導入のしかた

　「の」は名詞と名詞の間に何らかの論理関係があることを示す。

　それで，「の」の導入は次のようにするとよいのではないだろうか。(「の」の導入時とは限らず，学習が進んで，「の」をある程度まとめるときでもよい。)

　「私」「絵」……この2語を提示し，この2語で考えられる状況を自由に出してもらう。たとえば，次のようなものがいろいろ出てくる。

　　　　①「私が絵をかいた」

　　　　②「私が絵をもっている」

　　　　③「私を絵にかいた」

　そのあと，そのような状況が分かる絵や写真，文を提示して，それぞれの状況を理解してもらう。状況は異なるのに，「私の絵」という1表現で表せてしまうことに気づいてもらう。

　　　　「私の絵」

　ここにある「私」は，それぞれの状況で，あり方が異なっている。

　　　　①の状況では，「私」は「作者」

　　　　②の状況では，「私」は「所有者」

　　　　③の状況では，「私」は「モデル」

　これで，「Aの」がさまざまな状況を表すことが理解されるので，次のように整理してもらう。

　　　・「の」は名詞と名詞をつなぐ。

　　　・その2つの名詞には何らかの(論理)関係がある。

　・その(論理)関係は，状況や，前後の文脈で知ることができる。

　・つまり，「の」の表現する「意味」は，状況や文脈でさまざまに異なる。

　このようにして導入してからは，学習者は自分から，「この『の』は〜ということですか」と，状況から意味を捉えるようになる。「の」の一つひとつの意味を記憶する必要はなくなる。

1.5　「の」表現には格助詞を補うとよい

　逆に，「の」の使用されている表現があったら，その論理関係を正しく推測するために，格助詞を補ってみるとよい。

　たとえば，「彼女の手紙」という表現があれば，普通はまず「彼女から来た手紙」として理解されるが，実際はこの表現はいろいろな意味・論理関係で使用されている可能性がある。

　そのいろいろな可能性があることを理解するために，「AのB」とある「A」に格助詞を補ってみるとよい（ A＋格助詞 の B ）。Aの格が分かれば，動詞が推測でき，Bとの間にある論理関係が推測できるようになる。

　　　　「彼女の手紙」
　　　　　　　「彼女がの手紙」………「彼女が書いた手紙」　　　（「彼女」は筆者）
　　　　　　　　　　　　　　　　「彼女がもっている手紙」　（「彼女」は所有者）
　　　　　　　「彼女にの手紙」………「彼女にあてた手紙」　　　（「彼女」はめあて）
　　　　　　　　　　　　　　　　「彼女に届いた手紙」　　　（「彼女」は届け先）
　　　　　　　「彼女からの手紙」……「彼女から来た手紙」　　　（「彼女」は発信者）
　　　　　　　　　　　　　　　　「彼女からもらった手紙」　（「彼女」は授与者）

　学習者が「の」の背後に論理関係があることを学んでいると，「の」の前の名詞に格助詞を補うことで，その表す論理関係が何であるかを推測しやすくなることが理解できる。格助詞を付けてみるとよい，ということは容易に理解されるはずである。

1.6　「の」のその他の使用法

　1.1 に挙げた例にある「私のです」や「あなたのいた夏」などを理解するためには，次ページの 表1 が助けになる。この表は，表W4-2の引用である。この表そのものを学習者に示す必要はないが，教授者は理解しておくとよい。

　「私のです」は表の，「の[2]」か「の[3]」に該当する。

　「あなたのいた夏」と「あなたがいた夏」は「の[1]」に該当する。

　「あなたのいた夏」と「あなたがいた夏」の構造は，次ページ図1，図2のように同じなので，事象は同一であると考えられる。前者では，「あなた」と「夏」を「の」で結んで表層化しており，後者では，「あなたがいた」という文で「夏」を修飾している。ここから言えることは，「あなたのいた夏」は「あなた」に意識の焦点があり，「あなたがいた夏」は「あなたがいた」という事象に意識の焦点がある，ということである。

　なお，「電車の走る音」と「走る電車の音」は同じ音か，という疑問もあるが，この違いについては，A16.6 において述べている。

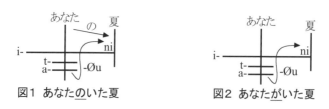

図1　あなた<u>の</u>いた夏　　　　　図2　あなた<u>が</u>いた夏

表1　「の」の拡張5段階の一覧表　　（表W4-2 を引用）

の[1] 実体つなぎ	奈良時代には実現していました。		江戸時代の はじめごろからの 用法です。

- の[1]　実体つなぎ：A の B
- の[2]　ノ後実詞を省略：A の ▨
- の[3]　ノ後実体を含む：A の
- の[4]　実体
- の[5]　包含実体

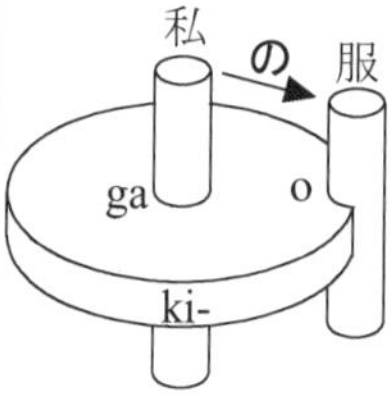

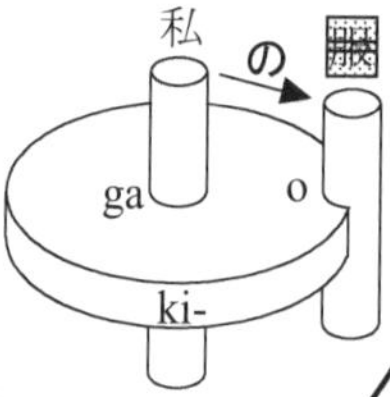

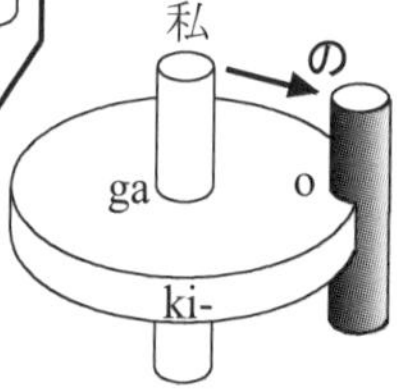

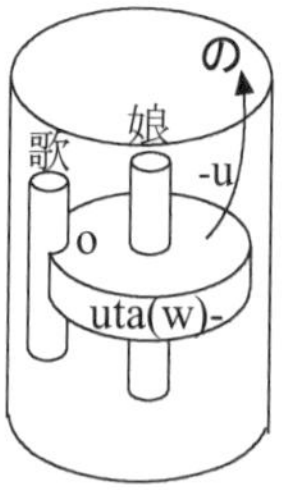

奈良時代には実現していました。

江戸時代の はじめごろからの 用法です。

↓ 現代語に（の[1]）　私の服 / 私の(着る)服

↓ 現代語に（の[2]）　私の服

↓ 現代語に（の[3]）　私の

↓ 現代語に（の[4]）　実詞の代用

↓ 文を実詞に　↓ 現代語に（の[5]）　包含実体

（この例では，「の」は「服」の代用です。）　私が着る**の**を買う
（「の」を「私の」で修飾することもあり得ます。）私の(着る)のを買う

娘が歌う**の**を待つ
（この「の」が使えるようになる前は，「(娘の)歌う∅包を待つ」でした。）

2　相対時（相対テンス）

2.1　日本語は相対時表現が優勢である

　日本語では「相対時表現」に重点がある。いま，<u>同じ状況</u>を表す表現として，2つの文を取り上げてみる。

　　(1)　山に<u>登った</u>まえに，歌を歌った。　（絶対時表現，図3）
　　(2)　山に<u>登る</u>　まえに，歌を歌った。　（相対時表現，図4）

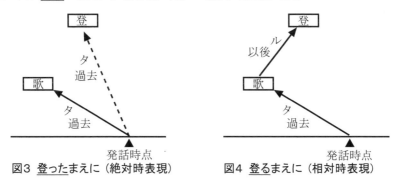

図3　登ったまえに（絶対時表現）　　図4　登るまえに（相対時表現）

　この2例のうち，絶対時表現である(1)はたまに聞くことはある。しかし，ふつうの言い方は相対時表現の(2)である。このように日本語では相対時表現のほうが優勢である。この相対時表現は現代日本語特有の表現である。

　日本語教育の初級においては，この「相対時表現」を重点的に教える。学習者にとっては，おそらく母語にない表現を学ぶことになるので，困難を伴う。

　本稿ではまず，「絶対時表現」と「相対時表現」の違いについて検討する。なお，<u>ここでは「相表現」（アスペクト）の視点は，「現在」以外には入れないことにする。</u>（「現在」の表現には，「－ている」の形で「相表現」が入っている。）

　「日本語構造伝達文法」の絶対時と相対時の図に依拠して論を進める。

2.2　絶対時表現

　絶対時表現の基準点は発話時点である。「過去，現在，未来」がある。

　　(3)　人が<u>歌った</u>。　（過去）
　　(4)　人が<u>歌っている</u>。（現在）　「ている」という　相(進行中) が入っている。
　　(5)　人が<u>いる</u>。　（現在）　存在を表す動詞はル形が現在を表す。
　　(6)　人が<u>歌う</u>。　（未来）　存在を表す動詞を含め，ル形が未来を表す。

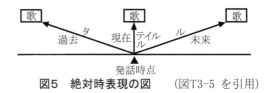

図5　絶対時表現の図　（図T3-5 を引用）

「過去，現在，未来」（「過去，非過去」）は，ほとんどの言語に普遍的に捉えられている。

2.3 相対時表現

相対時表現があるのは現代日本語の特徴である。

名詞を修飾する動詞がこの相対時表現の形になる。基準点は，下図のように，主文事象（この図では「歌う」）の生起時点である。例文として，下の（7）の文を示すが，これは下図の③である。

(7) 　山に登る　 まえに，歌を歌った。　（名詞「まえ」を修飾している。）

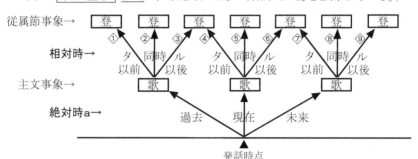

図6　相対時表現の図　（図T3-7 を引用）

相対時表現には「過去・現在・未来」はなく，そのかわりに，それに相当する「以前・同時・以後」がある。下の例文の 　　　 が相対時表現を表し，下線部が絶対時表現を表す。 この主文の絶対時表現は，上図では，「絶対時a」と表示してある。

(8)（上図の⑦）　山に 登った(以前) 人が 歌う(未来)。

(9)（上図の②）　山に 登っている(同時) 人が 歌った(過去)。

(10)（上図の③）　山に 登る(以後) 人が 歌った(過去)。

2.4 絶対時表現だけで表す

図6を，相対時を使わずに，絶対時だけで表現すると下図の破線矢印のようになる。この従属節事象に適用される絶対時を「絶対時b」として示してある。

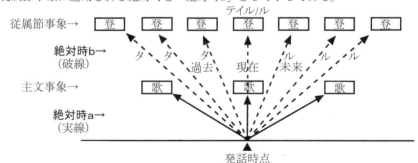

図7　従属節事象を絶対時で表現　（図T3-6 を引用）

先の［相対時表現］(図6)で使った例文(8)(9)(10)の表すそれぞれの状況と同じ状況を，

相対時を使わずに絶対時だけで表現して，(8')(9')(10')とする。二重下線部が相対時表現から絶対時表現に変わった部分である。

　　　(8')（図6の⑦）　山に 登る(未来) 人が　歌う(未来)。
　　　(9')（図6の②）　山に 登っていた(過去) 人が　歌った(過去)。
　　　(10')（図6の③）　山に 登った(過去) 人が　歌った(過去)。

2.5　絶対時表現と相対時表現が同じになる場合

　日本語教育では，絶対時表現しか知らない学習者に相対時表現を教えることになるのだから，教授者は，まず，この絶対時表現と相対時表現の関係を理解しておく必要がある。そのためには，図6と図7を比べる必要がある。

　図6は相対時表現であり，これが教えたい内容である。図7は相対時表現を使わない表現であり，学習者の母語とみなせる。

　図6では，基本的な表現の数は9つとみなして，各表現に ① ～ ⑨ の数字がついている。各数字につき，従属節の動詞の形が「た」になるのか，「ている」(相(アスペクト)の要素が入っている。)になるのか，「る」になるのかを検討してみる。

　　① の場合は，相対時表現でも絶対時表現でも，従属節動詞は「た」になる。
　　　　［相］　山に登った人が歌った。
　　　　［絶］　山に登った人が歌った。
　　② の場合は，相対時表現では「ている」になり，絶対時表現では「た」になる。
　　　　［相］　山に登っている人が歌った。
　　　　［絶］　山に登った人が歌った。
　　③ の場合は，相対時表現では「る」になり，絶対時表現では「た」になる。
　　　　［相］　山に登る人が歌った。
　　　　［絶］　山に登った人が歌った。
　　④ の場合は，相対時表現でも絶対時表現でも「た」になる。
　　　　［相］　山に登った人が歌っている。
　　　　［絶］　山に登った人が歌っている。
　　⑤ の場合は，相対時表現でも絶対時表現でも「ている」になる。
　　　　［相］　山に登っている人が歌っている。
　　　　［絶］　山に登っている人が歌っている。
　　⑥ の場合は，相対時表現でも絶対時表現でも「る」になる。
　　　　［相］　山に登る人が歌っている。
　　　　［絶］　山に登る人が歌っている。
　　⑦ の場合は，相対時表現では「た」になり，絶対時表現では「る」になる。
　　　　［相］　山に登った人が歌う。
　　　　［絶］　山に登る人が歌う。
　　⑧ の場合は，相対時表現では「ている」になり，絶対時表現では「る」になる。
　　　　［相］　山に登っている人が歌う。

　　　　［絶］　<u>山に登る</u>人が歌う。
　⑨　の場合は，相対時表現でも絶対時表現でも「る」になる。
　　　　［相］　<u>山に登る</u>人が歌う。
　　　　［絶］　<u>山に登る</u>人が歌う。

　相対時表現を知らない学習者にとって問題がないのは，相対時表現が絶対時表現と同じになる場合，すなわち，①④⑤⑥⑨ の場合である。これは母語での表現で理解できる。
　　⑴　［相］でも［絶］でも同じ表現になる。　<u>山に登った</u>人が歌った。
　　④　［相］でも［絶］でも同じ表現になる。　<u>山に登った</u>人が歌っている。
　　⑤　［相］でも［絶］でも同じ表現になる。　<u>山に登っている</u>人が歌っている。
　　⑥　［相］でも［絶］でも同じ表現になる。　<u>山に登る</u>人が歌っている。
　　⑨　［相］でも［絶］でも同じ表現になる。　<u>山に登る</u>人が歌う。

2.6　絶対時表現と相対時表現が異なる場合

　学習者が理解しにくいのは，相対時表現が絶対時表現と異なっている場合，すなわち，②③⑦⑧ の場合である。

　　②　［相］　<u>山に登っている</u>人が歌った。(学習者は「登っていた」と思う。)
　　　　［絶］　<u>山に登った</u>人が歌った。<u>山に登っていた</u>人が歌った。

　　③　［相］　<u>山に登る</u>人が歌った。　　(学習者は「もう**登った**」と思う。)
　　　　［絶］　<u>山に登った</u>人が歌った。

　　⑦　［相］　<u>山に登った</u>人が歌う。　　(学習者は「**まだ登っていない**」と思う。)
　　　　［絶］　<u>山に登る</u>人が歌う。

　　⑧　［相］　<u>山に登っている</u>人が歌う。　(学習者は「まだ登っていない」と思う。)
　　　　［絶］　<u>山に登る</u>人が歌う。<u>山に登っている</u>人が歌う。

　図6からこの ②③⑦⑧ を残して，他を消すとこういう図になる。

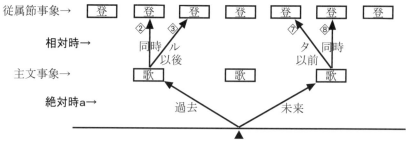

図8　問題のある部分

すなわち，次の場合が問題となっているのである。

```
過去の  ②[同時・過去]
        ③[以後・過去]
未来の  ⑦[同時・未来]
        ⑧[以前・未来]
```

　これら ②③⑦⑧ の場合に，学習者の解釈と，教えたい相対時表現が異なっていることを図で明らかにしてみる。

②[同時・過去]の場合

　(11)　屋根の上に<u>いる</u>猫が<u>鳴いた</u>。　(図9)

　この例文で日本語として教えたいのは図9の関係であるが，学習者はこの文を絶対時表現で解釈するので，(12)のように考える。(絶対時表現ではこの考えは正しい。)

　(12)　(いま，あの) 屋根の上に<u>いる</u>猫が (そのとき) 鳴いた。　(図10)

　そこで，教授者は，日本語では図9の相対時表現で考える必要もあることを教える。

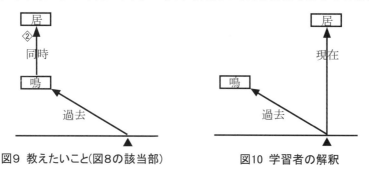

図9 教えたいこと(図8の該当部)　　　　図10 学習者の解釈

③[以後・過去]の場合

　(13)　映画を<u>見る</u>人が切符を<u>買った</u>。　(図11)

　日本語として教えたいのは図11の関係である。しかし，学習者はこの文を絶対時表現で解釈するので，図12のように考える。(絶対時表現ではこの考えは正しい。)

　(14)　(あさって) 映画を<u>見る</u>人が (きのう) 切符を買った。　(図12)

　そこで，教授者は，日本語では図11の相対時表現で考える必要もあることを教える。

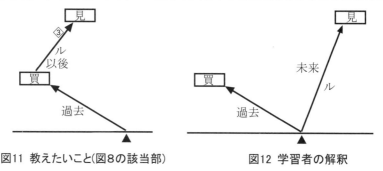

図11 教えたいこと(図8の該当部)　　　　図12 学習者の解釈

⑦[以前・未来]の場合

   (15)　手を洗った子どもが席に着く。　（図13）

　日本語として教えたいのは図13の関係である。しかし，学習者はこの文を絶対時表現で解釈するので，図14のように考える。(絶対時表現ではこの考えは正しい。)

   (16)　（さっき）手を洗った子どもが（10分後に）席に着く。　（図14）

　そこで，教授者は，日本語では図13の相対時表現で考える必要もあることを教える。

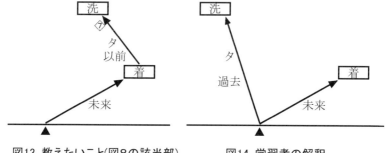

図13　教えたいこと(図8の該当部)　　**図14　学習者の解釈**

⑧[同時・未来]の場合

   (17)　飛んでいる飛行機を見る。　（図15）

　日本語として教えたいのは図15の関係である。しかし，学習者はこの文を絶対時表現で解釈するので，図16のように考える。(絶対時表現ではこの考えは正しい。)

   (18)　（いま）飛んでいる飛行機を（あした）見る。

　そこで，教授者は，日本語では図15の相対時表現で考える必要もあることを教える。

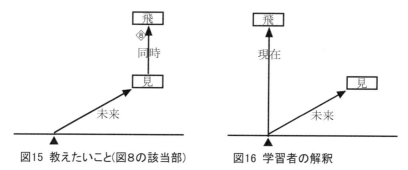

図15　教えたいこと(図8の該当部)　　**図16　学習者の解釈**

　以上のように，図6の ①④⑤⑥⑨ の場合は学習者は理解しやすく，問題はないが，②③⑦⑧ の場合に留意する必要がある。教授者はこのことを認識しておくとよい。

2.7 教授者の留意したいこと

そのほか，教授者の留意したいことのいくつかをここに挙げておく。

[1] 発話時点と関係がない場合があること

(19) 道を渡るまえに，左右をよく見る。

この例文が一般的なことを述べている場合は，「見る」が未来のこととなっていない。つまり，発話時点と時間的関係がない。

このような場合は，「渡る」という相対時表現が2つの事象の前後関係を表しているだけである。

相対時表現を教えるのには役に立つ。次の例でも同じである。

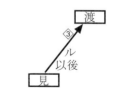

図17 発話時点と関係がない

(20) 顔を洗ったあとで，出かける。

(21) 映画を見ているときに，ポップコーンを食べる。

[2] 相対時表現を教えるつもりで，絶対時表現の意識になってしまうこと

(22)（図6の⑨） 山に登るまえに，歌を歌う。

この例文の「歌う」が未来を表している場合，「山に登る」は当然未来の事象である。この「登る」は絶対時表現では「未来」であり，相対時表現では「以後」である。つまり，この例文の従属節「山に登る」は，絶対時表現でも相対時表現でも同じ表現になる。

絶対時表現と相対時表現が同じになる現象は，図6の ①④⑤⑥⑨ の場合に起こる。この ①④⑤⑥⑨ の例文を使うのは自然なことであるが，区別ができないだけに，教える側は「教えているのは相対時表現である」ということを強く意識していないといけない。うっかりすると，両者の区別があいまいになってしまうし，もしかすると，区別の意識も持たないようになっているかもしれない。

[3] 同じ動詞でも，使い方によっては長さが異なること

たとえば，「帰る」という動詞の時間的長さは，使い方によって同じではない。

(23) 課長はいま帰った。 この「帰る」が「退社」の意味なら瞬間的に終わる。

(24) 今日は電車で帰る。 この「帰る」はある程度の時間的長さを持つ。

(25) 今日は6時に帰る。 この「帰る」が「帰着」の意味なら瞬間的に終わる。

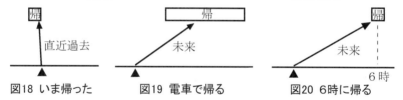

図18 いま帰った　　**図19 電車で帰る**　　**図20 6時に帰る**

こう考えると，次の例文(26)の「帰る」は，ある時間的長さを持ち，主文の動詞「買う」とは，その長さの一部において同時になる。(「とき」の表す時間的領域には特殊性があるので，Tの58ページも参照されたい。)

(26)　うちへ<u>帰る</u>とき，ケーキを<u>買う</u>。　　(「帰る」はある長さをもつ。図21)

この「帰る」は絶対時表現と考えたほうがよい。というのも，相対時表現にするために，進行中・同時のつもりで「帰っている」と言っても，これは進行中を表さない場合が多く，「帰ったあと」を意味しやすいからである。

(27) *うちへ<u>帰っている</u>とき，ケーキを<u>買う</u>　(図22)

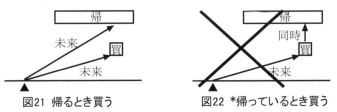

図21　帰るとき買う　　　　図22　*帰っているとき買う

例文(28)の「帰る」は，「帰着」を表すので，瞬間的に生起する。

(28)　うちへ<u>帰った</u>とき，ケーキを<u>食べる</u>。　(「帰る」は瞬間的。図23)

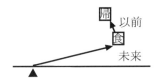

図23　帰ったとき食べる

この文で，「食べる」事象を未来に生起することと考える場合は，この「帰った」は相対時表現である。図6の⑦である。「以前」を表すが，この場合は「直近以前」といったほうがより適切である。(Tのp.58も参照)

このように，同じ動詞でも，使い方によっては生起事象の長さが異なる。時相表現をするときには注意が必要である。

「覚え書き」をお寄せくださった
前田公子(まえだ・きみこ)さんの自己紹介

東京女子大学卒業，杏林大学大学院修士課程修了。日本語学校と日本語教師養成コースで教えています。最近は，留学生から日本企業で働く外国人社員への授業にシフトしています。

日本語学習者の意表をつく反応にワクワクする毎日です。

EⅢ論文

「未遂」と「未婚」
— 否定の接頭辞「未」の意味と構造 —

木村 泰介

要 旨
　否定の接頭辞「未」の意味と構造について，日本語構造伝達文法の時間モデルと構造モデルとを用いて考える。

　アスペクトとしては，「未遂」は「準備などを含め，何らかの作業が始まっているものの，まだ完遂していない」，つまり「完了に至っていない」を示し，「未婚」は「まだ結婚するに至っていない」，つまり「開始まえ」の意味である。「未遂」はアスペクトしか表さないが，「未婚」はアスペクトと事象を表す。「未」をこの観点から6種類に分ける。さらに，漢語としての「未」の構造上での位置を示し，さらに「未」の訳語となる本来の日本語である「まだ〜ない」の構造を構造図で示した。

　　キーワード ： 否定の接頭辞, アスペクト, 時間モデル, 構造モデル, 格関係

1 「未」の意味を時間モデルで考える
1.1 検討の範囲
　検討の範囲を松村編『大辞林 第三版』(2006)に収録されている以下の語群とした。
表1　検討の語　　（下線は表中に重複のある語を示す。）

> **見出し語「未」に利用例として掲載されている語** (p.2425)
>
> 　未開，未開拓，未刊，未完，未決，未婚，未熟，未遂，未成年，<u>未然</u>，未曾有，<u>未知</u>，未定，<u>未納</u>，<u>未発表</u>，未満，<u>未明</u>，前代未聞，<u>未来</u>，未了

> **個別の見出し語として掲載されている語** (pp.2425-2466「み」の項)
>
> 　未解決，未開発，未学，未確定，未確認，未完成，未経験，未見，未公開株，未墾，未済，未晒し，未産婦，未収，未習，未就学，未生，未詳，未処分，未処理，未進，未成，未製品，未説，<u>未然</u>，未組織，未達，未達成，未談，<u>未知</u>，未着，未到，未踏，未登峰，<u>未納</u>，未配，未発，<u>未発表</u>，未払い，未病，未分，未亡人，<u>未明</u>，<u>未聞</u>，未訳，<u>未来</u>，未練

　この辞典を採用したのは，一般的な語を扱っており，採録語数も適度であり，版があまり古くない，という理由による。

1.2 「未」に後続する語

「未」は接頭辞として，直後に別の語を伴い，一つの単語を形成する。直後の語のほとんどは，動作や状態を表す漢語であり，音読みのまま使われている。

「未晒し」「未払い」の２語では，和語動詞の「晒す」「払う」が連用形の名詞的用法で使われている。名詞的用法ではあるものの，意味は動作を表している。

1.3 「未」は「まだ～ない」の意味

「未」は，「まだ～ない」の意味を持つ。

① まだ直後の動作や状態が実現していない。　　例：「未開」
② まだ直後の動作や状態の時が来ない。　　例：「未来」
③ いまだ直後の動作や状態でない。　　例：「未完」

1.4 時間モデル

日本語構造伝達文法の時間モデルではテンスとアスペクトの関わりを以下のような図で捉えている。「言及線」を使う２桁数表示法である。

図では，動作の結果状態の残っている状況（位置40）で，局面2（動作の進行中）に言及していることを表している。言及線は，40＋2＝42 で [42] となり，「していた」という表現になる。

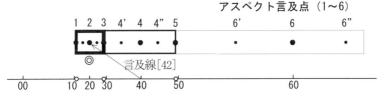

図1 テンスとアスペクトの関わり　　（今泉:2000 p.155 図17-1）

この図のアスペクトを表す部分だけを取り出して，分かりやすく，次のように示す場合もある。

図2 アスペクトを説明するのに用いられる図　（今泉:2014 p.231）

この図は「～ている」などの意味を整理・把握するのに用いられる。構造伝達文法では，「～ている」は，次のいずれにおいても用いることができる，としている。

「進行中」，「結果状態継続中」，「記憶継続中」

つまり，動作の開始から忘却まで「～ている」が使用できる，としている。

1.5 「未」の意味を時間モデルで考える

アスペクトとしては，<u>「未」は，直後の動詞が表す事象の実現前を表す。</u>

その実現前として，動詞によって，局面3（完了）の前を想起しやすいものと，局面1（開始）の前を想起しやすいものの2種類がある。

[未遂] 例えば 「未遂」 の「遂」は「やりとげる」の意味である。どんな行為かは示していない。何らかの行為の完了を意味するだけである。したがって，この語は<u>アスペクトのみを表す語</u>といえる。「未遂」は，「遂」に至る前，すわなち局面3（完了）の前を想起する。下図の網がけ部分である。これを<u>「未完了型」</u>とする。

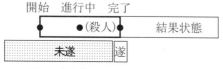

図3 「未遂」 未完了型

実際には「殺人未遂」の「殺人」のように，事象を補うことが多い。「未遂」にはいくつかの段階がある。殺害の計画を立てる段階，現場でまさに殺害に及ぼうという段階，ナイフで刺すなどの行為に及ぶ段階もある。しかし，「未遂」では，行為に及んでも，殺害完了（死亡）までには至らない。

[未完成] 未完了型でも，「未完成」のようなものもある。これは何かを始めたことが前提になっている。「小説が未完成だ。」と表現するときは，執筆には着手している。これを「<開始後>未完了型」とする。

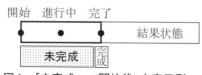

図4 「未完成」 <開始後>未完了型

「未婚」 一方，「未婚」の「婚」自体はアスペクトを表す語ではないが，「未婚」は局面1（開始）の前を想起する。「未婚」は，「結婚」する前であるので，これを<u>「未開始型」</u>とする。下図の網がけ部分が「未婚」を示している。

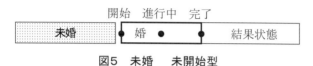

図5 未婚 未開始型

ただし，「婚」は瞬間動詞（結果動詞）なので，開始と完了をほぼ同時とみるとよいので，下の図示の方が適切である。（「結婚している」は結果状態を表している。）

図6 未婚 未開始型 （適切表示）

以上から，分かることは次のことである。これを表2のようにまとめた。
　　① 動詞にはアスペクトのみを表すものがある。
　　②「未」には「未開始型」と「未完了型」がある。
　　③「未完了型」には「<開始後>未完了型」もある。

表2　分類表

分類 動詞意味	未完了		
	未開始型	未完了型	
	<開始前>未完了型	<開始後>未完了型	未完了型
動詞の意味は アスペクトのみ A	A1　開始　進行中　完了　　●　　●　　●　　未発　発　「未然」「未発」	A2　開始　進行中　完了　●　　●　　●　　未完成　完成　「未成」「未達成」等	A3　開始　進行中　完了　●　　●　　●　　未遂　遂　「未遂」
動詞の意味は 事象と アスペクト B	B1　開始　未婚　婚　結果状態　完了　「未確認」「未見」「未就学」「未詳」「未知」「未来」等	B2　開始　進行中　完了　未明　明　「未熟」「未製品」「未明」「未練」等	B3　開始　進行中　完了　未開　開　「未開」「未開拓」「未決」「未登峰」「未訳」等

　A1〜B3のそれぞれを検討してみる。

[A1]　「事故を未発のうちに防止する。」の「発」は「開始」を表している。しかし，何の開始かは示していない。「未発」は「開始まえ」の局面（アスペクト）のみを示す。「未然」も同じである。

[A2]　「作品は未完成だ。」の「未完成」は，開始したものの「完了」に至っていないというアスペクトのみを表す。「未完」，「未成」，「未達」，「未達成」，「未了」も同様である。

[A3]　「強盗は未遂に終わった。」の「未遂」は，事象開始まえの準備などを含めて考えるが，事象が「完了」には至っていないというアスペクトのみを表す。

[B1]　「彼は未婚だ。」の「未婚」は，「婚」という事象（具体的内容を持つ）が生起するよりまえの局面（アスペクト）を表す。同様のものとして次の語がある。
　　「未開発」，「未確認」，「未刊」，「未経験」，「未見」，「未公開」，「未墾」，「未晒し」，
　　「未産婦」，「未収」，「未習」，「未就学」，「未生」，「未詳」，「未処分」，「未処理」，
　　「未成年」，「未説」，「未組織」，「未談」，「未知」，「未着」，「未定」，「未到」，
　　「未踏」，「未配」，「未発表」，「未払い」，「未病」，「未分」，「未満」，「未来」

※「未曾有」，※「前代未聞」もここに含まれる。 （※印はページ下参照）

[B2] 「事故は<u>未明</u>に起きた。」の「未明」は，「明」（明るくなる）という<u>事象（具体的内容を持つ）</u>を開始したものの，「完了」に至っていないという局面（アスペクト）を表す。「未学」，「未熟」，「未製品」も同様である。なお，「未亡人」の「未亡」は，夫の逝去時が開始時であると考えられる。「未練」は，心を練磨する必要の生じた事象の発生時が開始時であると考えられる。

[B3] 「ここは<u>未開</u>の社会だ。」の「未開」は，「開」への<u>道</u>を進んでいるかもしれないが，完了していない。「未解決」，「未開拓」，「未確定」，「未決」，「未登峰」，「未納」，「未訳」も同様である。

1.6 語の判定

上の見方に従って，表3の結果を得た。ただし，判定は筆者による。語の解釈により，判定の異なる場合もありうる。

表3 語の判定 （五十音順）

No.	語	型	No.	語	型	No.	語	型	No.	語	型
1	未開	B3	16	未婚	B1	31	未成年	B1	46	未納	B3
2	未解決	B3	17	未済	B3	32	未製品	B2	47	未配	B1
3	未開拓	B3	18	未晒し	B1	33	未説	B1	48	未発	A1
4	未開発	B1	19	未産婦	B1	34	未然	A1	49	未発表	B1
5	未学	B2	20	未収	B1	35	※未曾有	B1	50	未払い	B1
6	未確定	B3	21	未習	B1	36	未組織	B1	51	未病	B1
7	未確認	B1	22	未就学	B1	37	未達	A2	52	未分	B1
8	未刊	B1	23	未熟	B2	38	未達成	A2	53	未亡人	B2
9	未完	A2	24	未生	B1	39	未談	B1	54	未満	B1
10	未完成	A2	25	未詳	B1	40	未知	B1	55	未明	B2
11	未経験	B1	26	未処分	B1	41	未着	B1	56	※前代未聞	B1
12	未決	B3	27	未処理	B1	42	未定	B1	57	未訳	B3
13	未見	B1	28	※未進	-	43	未到	B1	58	未来	B1
14	未公開	B1	29	未遂	A3	44	未踏	B1	59	未了	A2
15	未墾	B1	30	未成	A2	45	未登峰	B3	60	未練	B2

※35「未曾有」という語には「曾（「かつて」の意）」が含まれている。これは梵語のadbhuta（「いまだかつてあらず」の意）が中国語に訳され，そのまま日本語に取り入れられた熟語である。熟語の中に「かつて」を含むことでは，※56「前代未聞」（かつて聞いたことがない）に似ている。「前代未聞」にならえば，「未曾有」は「前代未有」であろうか。いずれもB1であるが，他のB1と異なるのは，発話時に「有，聞」が実現している可能性があることである。

※28「未進」は古語なので，割愛する。

2 「未」の構造

2.1 構造モデル

　日本語構造伝達文法では，文法的要素を形態素のレベルで抽出し，各形態素を実体，属性，格詞などに分類している。実体と属性は論理関係を持ち，それらの論理関係が格詞で表現される。各形態素の歴史的経緯を踏まえて，音としては表れていない部分も勘案しつつ，構造を構築する。この構造を「構造モデル」と呼んでいる。このモデルを用いて日本語の言語現象を説明する。

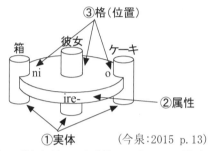

（今泉：2015 p. 13）

図7　「彼女がケーキを箱に入れる」の構造

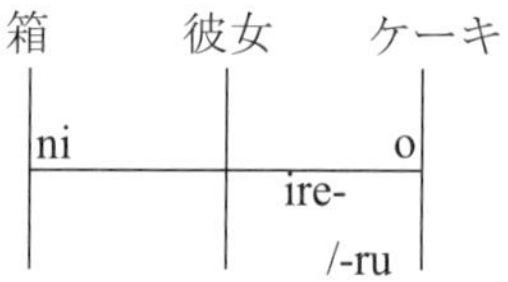

（今泉：2015 p. 12）

図8　左の構造の簡略図示

2.2 「未婚」の構造

　「未婚」など「未〜」の表現は，実際には「未婚である（未〜である）」などと使われる。「彼∅₁未婚である」を例に取れば，その構造は次のようになる。簡略図で示す。

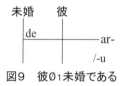

図9　彼∅₁未婚である

　しかし，これでは「未婚」が1語として扱われている。「未」と「婚」の論理関係はどうなっているのだろうか。

　「未」も「婚」も，本来の日本語ではなく，中国語から取り入れられた外来語である。外来語は日本語に入ると名詞になるのであるから，「未」も「婚」も名詞である。この2つの名詞の論理関係は，「婚が未にある」として理解できる。それならば，構造は図10のようになる。

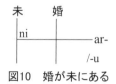

図10　婚が未にある

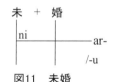

図11　未婚

　この構造の「未」と「婚」を第4修飾法の「＋」でつなげば，「未＋婚」（「未婚」）となる（図11）。（今泉：2003 p.204）

この図11を図9に組み込めば，図12となる。

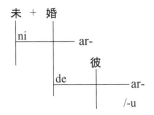

図12　彼∅₁未婚である

2.3　「未払い」の構造

「未婚」の「婚」は外来語としての名詞である。では，「未払い」の「払い」のような，日本語の動詞から作られた名詞の構造はどうなるのだろうか。

「払う hara(w)-u」は，動詞であるから，図13のような構造になる。

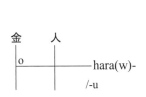

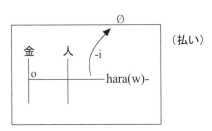

図13　人∅₁金を hara(w)-u　　　図14　「払う hara(w)-u」が「払い hara(w)-i」に

「払う hara(w)-u」が，第2修飾詞 -i で無名包含実体を修飾して，名詞のようになる。このことは，図14のように示せる。

「未払い」は，「未婚」同様，「払い」が「未」にあることなので，次のような構造となる。

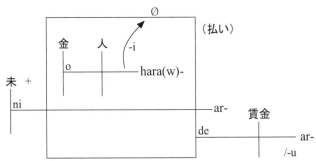

図15　賃金∅₁未払いである

2.4 「彼∅₁まだ結婚していない」の構造

漢語「未婚」は，本来の日本語の表現法で示せば「まだ結婚していない」となる。これは，漢語「未婚」の意味を示したものといえる。

では，「彼∅₁まだ結婚していない」の構造はどうなっているのだろうか。この構造を考えるためには，形態素に分析しなければならない。形態素に分析すると，次のようになる。

   (1) 彼-∅₁ まだ-∅₂ 結婚-o s-i=te-∅=i-na.(k)-i

[まだ]

現代語で「まだ」という語は，国語文法では副詞である。しかし，構造上には「副詞」と呼ばれる要素は存在しない（今泉:2005 p. 16，今泉:2020 p. 108）。では，「まだ」は構造上にどう表せばよいのだろうか。

大野ほか編『岩波古語辞典』では「まだ」について，こうある。

   まだ【未】〔副〕《イマダの転》

つまり，「まだ」という語は元は「イマダ」であった。「イマダ」は「いまだに（「今でも」の意味）」の形で格詞「に」を伴う。ということは「いまだ」は名詞である。また，「いまだし（「まだその時でない」の意味。「まだし」もある。）」の形で形容詞となることもある。形容詞は名詞が基になってできた語である。

「いまだ」は歴史的に名詞であり，「いまだ」から「い」の消えた「まだ」も名詞である。構造伝達文法でも実体として扱うのが妥当と考えられる。

ただし，名詞とはいっても，「まだ」に格詞「に」がついた形はない。これは，「に」という格詞でわざわざ示さなくとも，属性との論理関係が，自明だからである。構造伝達文法では，属性との論理関係があって，それが自明であり，それを格詞で表す必要のない場合，格詞を「∅₂」で表す。

(1) の「まだ」の直接の属性は，「結婚する」ではなく，「(結婚してい)**ない**」であり，「まだ∅₂ 〜ない」の論理関係である。この論理関係は，「今という時においてもなお実現していない」ということである。

今泉:2020 p. 98 に，「(8) 彼∅₁は，絶対(に)言わない。」の図がある。図16として下に引用しておくが，これにならえば，「まだ∅₂〜ない」は図17，図18のようになる。

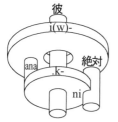

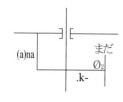

図16　彼∅₁は，絶対(に)言わない　　図17　まだ〜ない　　図18　簡略表示

[結婚する]

「結婚する」は動詞のように考えられているが，実はこれは形態素の複合したものである。「結婚」という名詞が「する」という動詞の「を格」に置かれている。

今泉:2015 p.12に「彼-ga 日記-o kak-u 」の図がある。図19として引用したが，これにならえば，「彼-ga 結婚-o sur-u 」の図は，図20，図21となる。

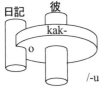
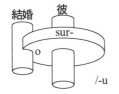
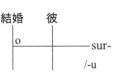

図19　彼-ga 日記-o kak-u 　　図20　彼-ga 結婚-o sur-u 　　図21　簡略図

それで，構造をよりよく反映するためには，「を」を明示して，「結婚をする」と描写した方がよいことになる。(動詞が sur- の場合は，描写のときに「を」の省略が起こりやすい。必ず省略する場合もある。例: 勉強-o sur-u，愛-o sur-u，案-o sur-u 案ずる)

[ていない]

(1') 彼-Ø1 まだ-Ø2 結婚-o s-i=te-Ø=i-na.(k)-i 　　　(1)の再掲

この「結婚する」には，さらに「ている」が付いている。これが「ない」で否定されている。「ている」の構造は図22のように示すことができる。その否定の「ていない」の構造は図23のように示すことができる。

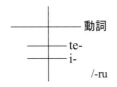
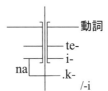

図22　「ている」の構造　　図23　「ていない」の構造

[彼Ø1まだ結婚していない]

つまり，「彼-Ø1 まだ-Ø2 結婚-o していない s-i=te-Ø=i-na.(k)-i 」の全体の構造は，図18と図21，図23を合成すればよい。

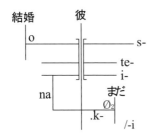

動詞「する s-」の語幹は3つある。
s-, si-, s;ur- である。
(今泉 2009:120 表B8-5)

図24　彼-Ø1 まだ-Ø2 結婚-o していない s-i=te-Ø=i-na.(k)-i

2.5 改めて「未遂」「未婚」の構造について

ここで改めて,「未」の構造についてまとめておきたい。

「未遂」「未婚」にある「未」も「遂」も「婚」も,中国語ではともあれ,ひとたび日本語に外来語として取り入れられれば名詞となる。日本語ではどれも名詞なのであるから,それらだけでは関係が持てないので,関係づける動詞が必要となる。

「未遂」なら「未」と「遂」を関係づける動詞があるはずであり,「未婚」なら「未」と「婚」を関係づける動詞があるはずである。

その動詞として考えられるのは「ある ar-」である。「遂」と「婚」が主体であり,「未」は ni 格にある。

図25　遂Ø1未にある　　　図26　婚Ø1未にある　　（図10の再掲）

この構造は「遂-Ø1 未-ni ar-u」「婚-Ø1 未-ni ar-u」という関係を表している。

ここにある第1主格詞 -Ø1 を第2主格詞 -ga に取り替えて,こう表現することもできる……「遂-ga 未-ni ar-u」「婚-ga 未-ni ar-u」。

描写法を変えれば,「未-ni ar-u 遂」（「未-n ar-u 遂」）,「未-ni ar-u 婚」（「未-n ar-u 婚」）ともなる。

3　まとめ

以上,否定の接頭辞「未」について,日本語構造伝達文法の「時間モデル」「構造モデル」を基に,意味と構造を検討した。

「時間モデル」を用いることで,視覚的に,明確に「未」の意味をアスペクトの観点から検討することができた。動詞がアスペクトのみを表す場合をAとし,事象も表す場合をBとした。「未」を用いた熟語のうち,「開始に至らない」状況を表す語群を1型とし,「開始はあるが,完了に至らない」状況を表す語群を2型とし,単に「完了に至らない」状況を表す語群を3型に分類した。

また,「構造モデル」を用いることで,外来語としての「未」という漢語が名詞として取り入れられていること,その名詞が格関係で属性に関わるということを示せた。「未」を日本語本来の表現に訳した「まだ〜ない」の構造も示せた。

4　今後の課題として

さまざまな漢語を「外来語」として日本語に名詞の形で取り込む仕組みは,おそらく欧米の言語を取り込むときでも同様であろう。「ノンシュガー」や「アンチ巨人」など,いわゆる和製英語の類も,同じような現象として説明ができるのではないかと考えている。

　また，日本語では「面会」という語は中国語では「会面」と表現するという。「敗戦」は「戦敗」になるというが，こうした現象も元の中国語と日本語に取り入れられた「外来語」の認識のされ方，論理の組み立て方の違いが表れたものではないかと考えている。

　今後こうした現象についても考察を進められればと思う。

主要参考文献

今泉　喜一　2000　『日本語構造伝達文法』　揺籃社

今泉　喜一　2005　『日本語構造伝達文法［改訂5］』　揺籃社

今泉　喜一　2009　『日本語態構造の研究　－日本語構造伝達文法　発展Ｂ－』　揺籃社

今泉　喜一　2014　『主語と時相と活用と－日本語構造伝達文法・発展Ｃ－』　揺籃社

今泉　喜一　2020　『日本語のしくみ(5)　－日本語構造伝達文法　Ｗ－』　揺籃社

大野　晋ほか編　2000　『岩波　古語辞典　補訂版』　岩波書店

小椋　秀樹　2020　「近代における字音接頭辞「非・不・未・無」」　『立命館白川静記念東洋文字文化研究所紀要』

田村　泰男　2014　「和語系接頭辞と漢語系接頭辞」　『広島大学国際センター紀要　第4号』

竝木　崇康　2014　「接辞から単語への変化：英語の場合と日本語の場合」『大みか英語英文学研究　第18号』

野村　雅昭　1973　「否定の接頭語「無・不・未・非」の用法」　『国立国語研究所論集四　ことばの研究』

松村　明・編　2006　『大辞林　第三版』三省堂

木村泰介さんの「研究者紹介」は『日本語構造伝達文法・発展Ｄ』の　p.46　にある。

コラムE3　　　　　　　　　　　　　　　　　　　　　　　　今泉喜一

国語文法は裸の王様？

　国語文法を考えるときに，「裸の王様」を思い出す。誰もが知るアンデルセンの童話である。

［裸の王様］

　ある王様が2人の詐欺師にだまされて，「おろか者には見ることのできない服」を作りました。王様はこの服を着てパレードを行いました。すると，見物人たちは，おろか者と言われないために，美しい服だとほめそやします。しかし，ある子どもが，「王様は裸だ」と言うと，人々の間に「やっぱり」という思いが伝わり，みな「王様は何も着ていない」と言うようになりました。王様も，自分のだまされていたことに気づきましたが，パレードをやめるわけにはいきませんでした。

　この物語は，周囲にいる人が，的確な助言ができない／しないと，王様も自分を見失い，ついには大恥をかく，ということを言いたいのである。

［日本人も裸の王様？］

　実は，日本人は，王様（国語学者）の言うままに信じて，**この大恥**をかいているのである。どこか変だと思いながらも，自分をおろか者と言われないようにするために，王様の着ている服をたいそう美しい服だとほめたたえているのである。

［国語辞典を開こう］

　国語辞典を開いてみれば，すぐに気がつくことである。動詞の扱い，たとえば，「読む」という動詞の扱いであるが，「よ・む」というふうに載せてある。意味は，「よ」が語幹で，「む」が語尾ということである。そんなばかな扱いがあるものか。

　　　　　a) よ・む　　　　　b) yom-u

　a) と b) では扱いが全然違う。当然 b) が正しい。では，なぜ a) があるのか。これは，日本人が文法を「かな」で考えてきたからである。科学的根拠はない。日本人はずーっと非科学的なことをやってきたのである。裸だったのに，自分がおろか者だと言われないために，とても美しい服を着ていると思い込んできた。

［日本人は？］

　こんな**大恥**をかいているのに，日本人は，2〜3の小声で主張する人を除いては，誰も，「王様は裸だ」と言う人がいなかった。

　国語辞典は全部 a) で扱っているのだから，国語辞典の大々的な修正が必要となる。日本人は賢いから，修正はすぐにやれると思う。君子豹変。

　しかし，日本人は，案外このまま修正しないでいくかもしれない。もし，そうなら，日本人をどういう人間と考えればよいのだろう。分からない。裸の王様？

EⅣ論文

感覚動詞と知覚動詞のアスペクト
－局面指示体系による図示－

関口　美緒

要　旨

　心理を表現する動詞は，動作動詞などの一般動詞と比べ，話者の内在化した心の時間経過を表すため，アスペクトが表現しにくいとされてきた。しかし，関口(2014)は，今泉(2000)の「局面指示体系」の図示法により，「心理動詞のアスペクト」の図化を行った。心理動詞で時相が図示できることは画期的なことである。本稿では特に感覚動詞と知覚動詞の異同をこの図示法で示すことに焦点を当てた。また，「知覚動詞」では，閾値（しきいち）を持つことが認識できる動詞では，身体等の物理的変化よりは，閾値の達成が事象開始の認識をもたらすことを述べた。そして，「肩が凝る」という知覚動詞を例として，7つの時相表現のあり方を示した。

キーワード：アスペクト，感覚動詞，知覚動詞，局面指示体系，閾値

1　感覚と知覚と情動

　「感覚・知覚・情動」の関係は，早石(1995:64)によれば，以下のような3段階である。

〈1〉「感覚刺激の受容」
↓
〈2〉「感覚刺激の生物学的価値の評価」
↓
〈3〉「生物学的価値評価に基づく情動表出および情動の主観的体験」

　〈1〉感覚は単純に刺激が信号として受容され，身体が反応するものである。〈2〉これが生物学的な価値の基準で評価されて，知覚となる。〈3〉この知覚を基に判断されたものが，感情を引き起こす。

　早石の説を筆者が簡略化した。以下のようになる。右横には関係の動詞を示す。

〈1'〉「感覚」　　　　　感覚動詞
↓
〈2'〉「知覚」　　　　　知覚動詞
↓
〈3'〉「情動」（感情）　感情動詞

　この3段階のそれぞれに，その段階で使用される動詞がある。今回はそのうちの「感覚動詞」と「知覚動詞」をとりあげ，局面指示図を用いて表現してみたい。「感情動詞」は多種の要素が加わるので，別の機会にゆずることにする。

2 感覚動詞と知覚動詞
2.1 先行研究を参考にして表を作成

今回扱う動詞を明確にするために，動詞を表に示した。次ページの表1を作成したが，これは吉永（2008:89）と，工藤（1995:77）の先行研究を参考にしている。

吉永は知覚動詞と感覚動詞を分けていないので，参考にする際に，以下のように減算して「知覚動詞」を得た（関口：2014 図2-5 参照）。

(a) 知覚感覚的心理動詞（吉永）－ 受動的情報感知動詞（関口）＝ 知覚動詞
(b) 知覚感覚的心理動詞（吉永）－ 感覚動詞〈自動詞〉（宮島）　＝ 知覚動詞
(c) 内的情態動詞の感覚動詞（工藤）　　　　　　　　　　　　＝ 知覚動詞

(a) 吉永（2008:89）の「知覚感覚的心理動詞」の場合，そこから五感感覚器官で受容されることを表す動詞「受動的情報感知動詞（関口2012:5)」を引いたものを知覚動詞とした。

(b) これは，吉永（2008）の「知覚感覚的心理動詞」から，宮島（1972）の「感覚動詞」の「自動詞」（「他動詞」は「動作動詞」となるため，「心理動詞」の対象から除外する。）を引いたものと考えてもよい。つまり，吉永の「知覚感覚的心理動詞」から宮島の「感覚動詞」を引けば，残りは「知覚動詞」ということになる。

(c) 本稿では，工藤で「感覚動詞」とされている「知覚」に関する動詞は知覚動詞に相当すると解釈する。医学・生理学・心理学および宮島（1972），関口（2012）等が共通認識としている五感の動詞は「感覚動詞」であるという理解から，工藤（1995:77）の「感覚動詞」を「知覚動詞」として扱うこととなった（関口2014）。

2.2 表に示す

今回考察の対象となる感覚動詞と知覚動詞を一覧表で示せば，表1のようになる。この表を作成するに当たって，さらに次のようなことを述べておきたい。

※「感覚動詞」「知覚動詞」の区分の判断は，工藤の分類を参考にした。解釈については上の（c）を参照されたい。

※「和語・漢語」「派生的」「擬態語」の区分は吉永の分類を参考にした。

※「派生的」というのは，「［名詞］が［動詞］」（例: 喉 が 渇く）のように，名詞と動詞が組み合わされたものである。

※ 本表は，工藤と吉永を組み合わせたものが元になっている。

※ 吉永（2008:89）は「胸がすく」を「知覚感覚的心理動詞」に分類しているが，「胸がすく」の意味から，関口（2014）は「感情的心理動詞」に分類している。表1では，（ ）内に入れた。

※「ちかちかする」は閃輝暗点という症状で視覚（感覚野）に関連しているように思えるが，発生の原因はさまざまであるため，「知覚動詞」に分類する。

表1　感覚動詞・知覚動詞一覧表（工藤1995:77，吉永2008:89，関口2013表2参照）

	感覚動詞	知覚動詞
和語・漢語	継続動詞型，存在動詞型 ［視覚］見える ［聴覚］聞こえる ［嗅覚］香る，臭う	瞬間動詞型　［閾値］あり 　くたびれる，疲れる 継続動詞型，存在動詞型 　痛む，うずく，感じる，くらむ 　痺れる，震える，ほてる，麻痺する 　むかつく
派生的	継続動詞型，存在動詞型 ［嗅覚］香りがする，匂いがする ［味覚］味がする ［触覚］手触りがする 　　　　肌触りがする	瞬間動詞型 ［閾値］あり 　胃がもたれる，おなかがすく 　肩が凝る，喉が乾く，腹が減る ［閾値］なし 　足がつる，喉が腫れる，筋がちがう 　歯茎が腫れる，鼻がつまる 継続動詞型，存在動詞型 　胃がさしこむ，悪寒がする 　頭痛がする，吐き気がする 　(胸がすく)
擬態語	継続動詞型，存在動詞型 ［触覚］ごわごわする，ざらざらする 　　　　ちくちくする，つるつるする 　　　　ぬるぬるする，ねとねとする 　　　　ひやっとする，ひりひりする 　　　　べとべとする，むずむずする ［嗅覚］つんとくる	瞬間動詞型　［閾値］なし 　ぐったりする，すっとする 　びくっとする 継続動詞型，存在動詞型 　がくがくする，がんがんする 　きりきりする，くらくらする 　じんじんする，ずきずきする 　ぞくぞくする，ちかちかする 　どきどきする，むかむかする

　　「閾値」については 5.2 参照。
　　「閾値なし」は絶対的な基準ではない。判断によっては閾値があり得る。
　　瞬間動詞型には網がけをした。

3　感覚動詞と知覚動詞の局面を図示する

　感覚動詞と知覚動詞の各局面を図で示すのに用いる図示法は，「日本語構造伝達文法」の表示法である（今泉 2000:117-160 参照）。日本語構造伝達文法では，テンスを「時」とし，アスペクトを「相」としている（今泉 2014:211）。
　アスペクトは，局面の集合体として表現するので，次のような図示となっている。

3.1 出来事を6つの局面で捉える

出来事（事象）は6つの局面を持ち，下のように図示される。

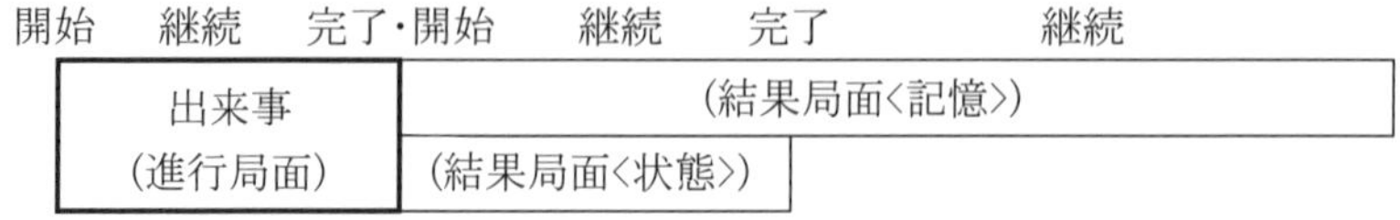

開始　　継続　　完了・開始　　　継続　　　完了　　　　　　継続

出来事 （進行局面）	（結果局面〈記憶〉）
	（結果局面〈状態〉）

図1　アスペクト（相）の図　　（今泉:2000 p.123 図13-2）

これと同じことを簡略化して，下のように図示することが多い。それぞれの局面を○数字で示している。(局面はこのように○数字でも表すことがある。)

事象(動作)　　結果状態継続中　　　　記憶継続中
①　　②　　　③　　　④　　　⑤　　　　⑥
開始　動作進行中　完了　　　結果状態消滅

図2　6つの局面の図　　（今泉:2015 p.37 図S1-98 による）

④は「結果状態継続中」を表し，⑥は「記憶継続中」を表している。

3.2 「動き」と「存在」

出来事には，「動き」を表すものと，「存在」を表すものとがある。この出来事は時間の流れの中を流れて行く「舟」に見立てられている（今泉:2000 p.142-154）。

「動き的出来事」のアスペクトの舟　　　動詞は「動き動詞」

←	進行局面	（結果局面〈状態〉）	（結果局面〈記憶〉）

図3　動き的出来事の図　　（今泉:2000 p.143 図16-3）

「存在的出来事」のアスペクトの舟　　　動詞は「存在動詞」

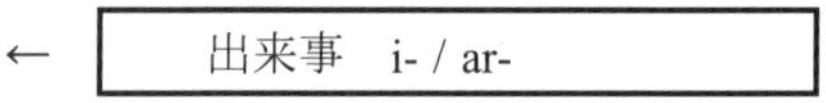

←	出来事　i- / ar-

図4　存在的出来事の図　　（今泉:2000 p.143 図16-4）

3.3 時と相の組み合わせ

日本構造伝達文法では，テンスを「時」とよび，アスペクトを「相」とよんでいる。両者を合わせれば「時相」となる。この「時相」という語により，テンスとアスペクトの両方を捉えていることになる（2016:10）。この「時相」で，事象（出来事）の各局面を示す方法を「局面指示体系」としている。私たちの実際の発話は，「局面指示体系」にのっとっている。

この「局面指示体系」は，次のような図で表わされ，2桁の数で表せるようになっている。たとえば，下の図5の言及線[42]は，40の時間的位置で発話し，局面2に言及していることを示している。動詞が「読む」なら，[42]は「読んでいた」となり，この[42]は，「過去・進行中」を表すことになる。「時・相」が捉えられている。

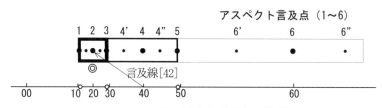

アスペクト言及点（1〜6）

出来事に対する現在点の位置（00〜60）

図5 現在点と言及点の位置関係（肯定）（今泉:2000 p.155 図17-1）

3.4 相で動詞を分類する

　動詞は，時相に関して，使われ方に個性がある。この論文に関する限りでの動詞の使われ方に関していえば，相（アスペクト）の面に着目するとき，「継続動詞型，瞬間動詞型，存在動詞型」の3つの型があることになる。

　表2 動詞の相による分類　　　　　動詞例は一般動詞

動詞	型の名	動詞例	型の説明
動き動詞	継続動詞型	読む	図5に当てはまる。
	瞬間動詞型	死ぬ	図5に当てはまるが局面2がない／ほとんどない。
存在動詞	存在動詞型	ある	図4，図7に当てはまる。

　動き動詞を，「継続動詞型」と「瞬間動詞型」に分けている。両者の違いは，局面2にある。「継続動詞型」は「読む」のように，局面2が一定程度継続する。「瞬間動詞型」は「死ぬ」のように，局面2が瞬間的に生起する。

4　感覚動詞の時相

　「感覚（五感）」は外界からの刺激に反応して起こる。「感覚認知」は，外界からの刺激を受け続ける「刺激時間」との間に同時性がある。したがって，「感覚動詞」のアスペクトは，刺激を受け続けている時間が進行局面として存在する。

　「感覚動詞」には，「継続動詞型」と「存在動詞型」がある（表3参照）。

4.1 継続動詞型

　（1a）日が暮れても，まだ山の輪郭ははっきり見えテイル。[22]（視覚動詞）

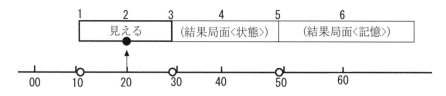

図6 継続動詞型の[22]

「継続動詞型」として，[22]のほかの言及線でも表現できる。例を挙げる。

(1b)　山の輪郭ははっきり見えル。[02]

(1c)　山の輪郭ははっきり見えテイタ。[42]

(1d)　山の輪郭ははっきり見えタ。[43]

(1e)　（さっき）山の輪郭ははっきり見えテイル(ので，絵に描ける)。[44]

(1f)　（当日は）山の輪郭ははっきり見えテイタ。[62]

(1g)　（当日は）山の輪郭ははっきり見えテイル。[66]

4.2 存在動詞型

「感覚動詞」は「存在動詞型」も持つ。「存在動詞型」は[22]をル形で表す。

(1h)　日が暮れても，まだ山の輪郭ははっきり見えル。[22]

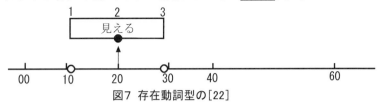

図7　存在動詞型の[22]

「存在動詞型」としての，その他の言及線の例も挙げる。

(1i)　山の輪郭ははっきり見えル。[02]

(1j)　山の輪郭ははっきり見えタ。[42]

(1k)　山の輪郭ははっきり見えタ。[43]

(1l)　（当日は）山の輪郭ははっきり見えタ。[62]

4.3 感覚動詞は継続動詞型と存在動詞型の2つを持つ

以上のことは，感覚動詞全般に共通する。このことを示すために，他の感覚の例も挙げておく。それぞれ a (継続動詞型) と h (存在動詞型) で例を挙げる。

(2a)　暗闇から，ごそごそ音が聞こえテイル。[22]　（聴覚動詞）

(2h)　暗闇から，ごそごそ音が聞こえル。[22]

(3a)　香水の匂いがしテイル。[22]　（嗅覚動詞）

(3h)　香水の匂いがスル。[22]

(4a)　ワサビの味がしテイル。[22]　（味覚動詞）

(4h)　ワサビの味がスル。[22]

(5a)　絹の肌触りがしテイル。[22]　（触覚動詞）

(5h)　絹の肌触りがスル。[22]

擬態語の「感覚動詞」も同様である。例を挙げて示す。

(6a)　表面はざらざらしテイル。[22]　（触覚動詞）

(6h)　表面はざらざらスル。[22]

(7a)　化学薬品の匂いがつんときテイル。[22]　（嗅覚動詞）

(7b)　化学薬品の匂いがつんとクル。[22]

5　知覚動詞の時相
5.1 「閾値」で知覚か，「物理的変化」で知覚か

　感覚として受信された刺激信号は，神経系に伝達され，「知覚」として更なる高次認知機能として働く。

　「知覚動詞」は言語化までには一定の「自覚時間」という必要時間が存在することになる。「自覚時間」は実際に「生理的な身体変化」が生じる2通りの認知の時差を生じる。

　　　〈1〉　1つは蓄積した生理的な身体変化の症状が 閾 値（threshold）を超えた
　　　　　ことによって生じる認知までの時差である。
　　　〈2〉　もう1つは，明らかな物理的現象が生じ，より客観的にその身体変化
　　　　　知覚を認知するまでの時差である。

　〈1〉の「閾値」の考えられる動詞は瞬間動詞型にみられる。閾値の達成という事象の始まりは局面①にあり，③で完了する。局面②の実現は，瞬間的であるので，ないに等しい。事象の継続は局面④になるので，実質的な開始は局面③であると感じられる。

　「感覚動詞」は「受動的」であるのに対し，「知覚動詞」は一定の認知過程を生じる（関口2014）。

5.2 「閾値」のある瞬間動詞型動詞

　表1の動詞で，明確に「閾値」があると考えられるのは，知覚動詞のうち，瞬間動詞型の以下の語である。

　　　「和語・漢語」……「疲れる」，「くたびれる」
　　　「派生的」……「胃がもたれる」，「肩が凝る」，「おなかがすく」，「腹が減る」，
　　　　　　　　　　「喉が乾く」

[疲れる]　いま，「疲れる」という動詞で考えてみたい。

　ある活動をすると，筋肉内に筋肉疲労物質である乳酸がたまる。これが一定量をこえると「疲れ」として知覚される。この一定量を「閾値」とよぶのであるが，この乳酸の量が「閾値」をこえることにより，「疲れた」と知覚される。

　つまり，乳酸の量は，0からたまって「閾値」に至るまでは，「疲れ」として知覚されない。それが「閾値」に達した瞬間に「疲れ」として知覚される。図8の三角形は，この「疲れの蓄積」の過程を図化したものである。

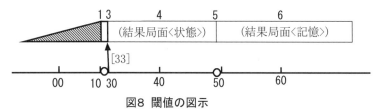

図8　閾値の図示

局面1の前の三角形は，時間とともに徐々に乳酸値が高まっていることを示してい

る。元の図，つまり，相（アスペクト）の図では，高さに意味はないが，三角形の高さには意味がある。局面1のところで元の図と同じ高さになっているが，これは乳酸値が閾値に達したことを意味している。これは，この段階で疲労が知覚されたことを意味する。

疲労が知覚されたことは「疲れた」という表現で示される。これは言及線では[33]となる。（言及線がやや左に傾いているので，直近過去のタで表現される。今泉 2000: 159)

疲労が知覚されたあとは，「疲れている」と表現される。これは局面4の「結果状態継続中」を表している。言及線は[22]ではなく，[44]である。「疲れた」ことが知覚される状態は[33]から始まる。

[少し疲れる] 「少し疲れた」「少し疲れている」という表現もある。局面としては，これは「疲れ」を知覚したあと・局面4の表現であることに変わりはない。「少し」という語があり，これは「少し」のない場合より閾値が低いことを示している。閾値は表現主体の意識によって増減することがあることを意味している。

[くたびれる] もう1つの疲労系の動詞「くたびれる」(和語・漢語) は，「疲れる」と同様に考えられるので，ここで改めて述べることはしない。

[おなかがすく, 腹が減る, 喉が渇く] 次に，派生的動詞の「おなかがすく」，「腹が減る」，「喉が渇く」についてであるが，これも，血糖値の減少や，血中のナトリウムイオン濃度の上昇が閾値に達することによって知覚される。

以上の，閾値の存在が考えられる瞬間動詞型動詞をまとめれば，次のようになる。

疲労系 …… 疲れる，くたびれる，肩が凝る
空腹系 …… おなかがすく，腹が減る
枯渇系 …… 喉が渇く

これらの動詞は「開始前」の段階が存在し，因子の数値が「閾値」に達することによって，動詞の「開始」（局面1）が生起する。事象は瞬間的に完了するので，局面2はなく，すぐ局面3になり，局面3が開始のように感じられる。

5.3 物理的変化のある「瞬間動詞型」動詞

「瞬間動詞型」動詞の特徴は，動詞が「開始」しても瞬間的に完了するので，局面2はなく，すぐ局面3になる。あたかも局面3が動詞の開始であるかのようである。

5.2で見たものは，この開始に「閾値」が関わるものであるが，この開始が「閾値」に関わらないものも多い。その場合は物理的変化が動詞の開始をもたらす。(「閾値の達成」も，厳密にいえば「物理的変化」といえるが，ここでは両者を区別する。)

[足がつる] 「足がつる」という表現を例にして考えてみたい。「足がつる」ことは瞬間的に生起する。「足がつっていない」状態から「足がつった」状態への変化である。テイル形の「足がつっている」というのは，[22]ではなく，[44]を表している。ここに「瞬間動詞型」動詞の特徴がある。

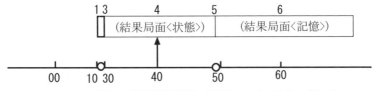

図9　「瞬間動詞型」動詞のテイルはふつう[44]

　このような「瞬間動詞型」動詞には，表1に示したように，「派生的」の「胃がもたれる」「肩が凝る」など，擬態語の「ぐったりする」「すっとする」などがある。

　次に，「継続動詞型」，「存在動詞型」を見てみる。

5.4　物理的変化のある「継続動詞型」，「存在動詞型」

　知覚動詞の，以下の動詞は「継続動詞型」動詞でもあり，「存在動詞型」動詞でもある。表1を参照されたい。

　　　「和語・漢語」　……　「感じる」「ほてる」など
　　　　「派生的」　……　「頭痛がする」「吐き気がする」など
　　　　「擬態語」　……　「がんがんする」「どきどきする」など

　これらは，それぞれに使用の程度の差はあるが，局面2を，「継続動詞型」の「テイル」でも表せ，「存在動詞型」の「ル」でも表せる。これは，4節で扱った「感覚動詞」と同じである。

　　　テイル／ル で示してみる。継続動詞型／存在動詞型 の示し方である。
　　　　　「感じる」　……　この飲料に甘みを感じテイル／感じル。
　　　　　「ほてる」　……　顔がほてっテイル／ほてル。
　　　「頭痛がする」　……　頭痛がしテイル／頭痛がすルので，ちょっと休む。
　　「吐き気がする」　……　飲み過ぎて吐き気がしテイル／吐き気がすル。
　「がんがんする」　……　頭ががんがんしテイテ／がんがんシテとても話せない。
　「どきどきする」　……　心臓がどきどきしテイル／どきどきすル。

6　感覚動詞と知覚動詞の異同

　以上，4節，5節で検討した，感覚動詞と知覚動詞の異同について表にすれば，次のようになる。感覚動詞には瞬間動詞型がない。

表3　感覚動詞と知覚動詞の異同　　瞬間動詞型に違いがある

	感覚動詞	知覚動詞
瞬間動詞型	なし	・閾値を持つ知覚動詞は開始前の段階を想定。 ・閾値を持たない知覚動詞も多い。
継続動詞型	あり	あり
存在動詞型	あり	あり

7　語例検討

　以上で検討したのは基本的なことがらである。動詞にはそれぞれに実際の使い方がある。そこで，ここに「肩が凝る」（知覚動詞・派生的）を取り上げて，一例を示す。

7.1 肩が凝る

　「肩こり」などの「痛み」は，筋肉の凝り，血流の欠如，神経の圧迫等からなる。これらの「痛み」は，一過性の場合もあるが，何年も継続するといった慢性的な場合もあり，様々なケースが考えられる。そのほか，時相の表し方にも異同があるので，7つの時相として考えてみたい。

7.2「肩が凝る」に見られる7つの時相

(a) 時相表現

　疲労や痛みが「閾値」を超えたことを時と相で表現する。言及線[44]。

　(8) 仕事を終えて，肩が凝っ<u>テイル</u>。(時:現在・相:結果状態)　　：

図10 肩が凝っている……現在・結果状態

(b) 補助を伴う表現

　重い荷物を持ち続けているような場合に，「肩の痛み，肩こり」が生じ始めていることを知覚する。閾値は低く設定され，「テクル」等の補助的な動詞を伴う。

　(9) 重い荷物を肩に乗せて運んでいるので，肩が凝ってき<u>タ</u>。

図11 肩が凝ってきた……補助を伴う表現　（今泉:2016 p.40参照）

(c) 繰り返しの表現

　「肩が凝る」のが繰り返される場合もある。

　(10) この3日というもの，毎日肩が凝っ<u>テイル</u>。

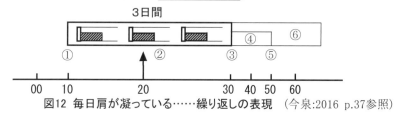

図12 毎日肩が凝っている……繰り返しの表現　（今泉:2016 p.37参照）

(d) 慢性の表現

「肩が凝る」のが慢性になっている場合もある。肩が凝った状態が間断なく続いている状態であるという解釈から，下のような図になる。

(11) 半年間ずっと肩が凝っている。

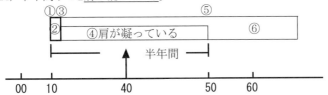

図13 半年間ずっと肩が凝っている……慢性の表現　（今泉:2016 p.37参照）

以上の(a)から(d)までは，事象「肩が凝る」を時相において捉えたものであるが，次の(e)から(g)は，時と相の認識の有無において捉えたものである。

(e) 相のみの表現

たとえば，きのうのことなのに，過去を表す「タ」が使われない。下の例では，結果状態という「相」だけが表現されている。時を示す目盛りはない。

(12) 昨日の夕方は，長時間緊張して書類作成をして，肩が凝っている。

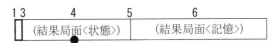

図14 昨日の夕方は肩が凝っている……相のみの表現　（今泉:2016 p.68 参照）

(f) 時のみの表現

事象の1つひとつの局面には関心がなく，事象の全体を1つのまとまりとして捉え，時のみを表現する場合がある。（「◎」は事象の全体を1つのまとまりとして捉える記号である。）

(13) 長時間緊張して書類作成をして，肩が凝った。[4◎]

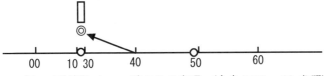

図15 肩が凝った……時のみの表現　（今泉:2016 p.66 参照）

これは，[4◎]である。しかし，表現としては，(a)時相表現で捉えて完了局面が表された[43]と同じになる。ことばの段階では同じ表現になっても理論的には異なる。

「相」が入らないので，「肩が凝っている」[44]の表現などはない。発話時点から捉えた◎以外は表現できない。

(g) 事象単位表現

　時も相も表現しないで，事象の生起そのものを表現する場合もある。日記などではこの表現を使うことがある。発話時点に関わりがないので，時を表す目盛りは書かない。

　　　(14) 長時間緊張して書類作成をして，<u>肩が凝る</u>。

図16　肩が凝る……事象単位表現　（今泉:2016 p.70参照）

　以上，実際には，「肩が凝る」は (a)～(g) のいずれかで表現される。

8　まとめ

　心理を表す動詞は，動作を表す一般動詞と比較して，アスペクトを証明するのが困難であった。特に，知覚動詞では，生理現象が認知されるに至る過程が複雑であり，捉えがたかった。しかし，本稿では，「日本語構造伝達文法」が提示する「局面指示体系」の事象図示法により，感覚動詞と知覚動詞の時相を図示することができた。そして，両者の異同に関して次のことが分かった。

　① 感覚動詞と知覚動詞は，「継続動詞型」と「存在動詞型」で共通している。
　② 知覚動詞には「瞬間動詞型」があり，閾値の関わるものと関わらないものがある。

　また，本稿では，語例として「肩が凝る」を示すことにより，実際に行われる表現の，時相に関するより細かい分類を見出すことができた。

参考文献

今泉喜一（2000）『日本語構造伝達文法』 揺籃社
今泉喜一（2003）『日本語構造伝達文法　発展A』 揺籃社
今泉喜一（2005）『日本語構造伝達文法』(05年改訂版) 揺籃社
今泉喜一（2014）『主語と時相と活用と －日本語構造伝達文法・発展C』 揺籃社
今泉喜一（2015）『日本語のしくみ(1) －日本語構造伝達文法 S－』 揺籃社
今泉喜一（2016）『日本語のしくみ(2) －日本語構造伝達文法 T－』 揺籃社
工藤真由美(1995)『アスペクト・テンス体系とテクスト－現代日本語の時間の表現－』
　　ひつじ書房
国立国語研究所（1985）『現代日本語動詞のテンスとアスペクト』
関口美緒（2012）「日本語感覚動詞の特徴―生理的現象から言語表出へのプロセスを

考える—」『言語と交流』 第15号, pp.1-13 凡人社

関口美緒 (2013)「生理的境界点・閾値と局面変化完了認知基『タ』の関係」『言語と交流』第16号, pp.94-107 凡人社

関口美緒 (2014) 博士論文『日本語心理動詞研究 - 生理的・心理的現象から言語表現までを考える - 』杏林大学大学院

関口美緒 (2018)「事象『歩く』と『走る』の異同」『日本語・中国語・印欧語—日本語構造伝達文法・発展 D —』pp.21-30 揺籃社

西村 馨 (2014)「『すっきりする』ことについて - 言葉から見た心の動き - 」『Educational Studies 57』国際基督教大学 pp.47−55

早石修・伊藤正男 (1995)『精神活動の流れを遡る−機能・構造・物質 − Atlas of Brain Mechanisms of Mind& Behavior』メディカルジャーナル社

宮島達夫 (1972)『動詞の意味・用法の記述的研究』国立国語研究所 秀英出版

吉永 尚 (2008)『心理動詞と動作動詞のインターフェイス』和泉書院

現代日本語書き言葉均衡コーパス https://shonagon.ninjal.ac.jp/search_result (2020,11, 8 最終確認)

関口美緒さんの「研究者紹介」は『日本語構造伝達文法・発展D』の p.30 にある。

コラムE4　　　　　　　　　　　　　　　　　　　　　　　　　　今泉喜一

日本語は幸いにも膠着性を保つ

屈折語は優れている？

　『日本語構造伝達文法・発展D』に，私は「格表示は名詞と動詞の間でなされる」と題する論文を書いた。その一部にこのような趣旨のことを書いた。

　ラテン語では，dominus（主人）と言えば，この語末の us で，主格・男性・単数であること，つまり，3要素を一挙に示せてしまう。これは屈折語の特徴である。これが屈折語の優越性とみなされることがあった。

　論文ではそのあと次のように続けた。ラテン語は名詞後部に情報を盛り込みすぎたために，名詞後部が複雑になってしまった。そのため，動詞を，紀元前後ごろに，名詞の前に出し，名詞と動詞の間に創出した前置詞に，名詞後部の格情報を移した。名詞後部は単純化した。もし，ラテン語のような屈折語がほんとうに優れているのなら，なぜ，このようにしてこの特徴を消す必要があったのか。

格以外の要素は？

　論文では触れられなかったが，名詞後部にあった他の要素，性と数であるが，この情報は冠詞と，より単純な複数形を作って表示することになった。（これを言うためには，もう少し調査と考察が必要である。）

ロシア語の不徹底

　論文ではロシア語にも触れた。ロシア語は，先進国イタリアのラテン語同様，前置詞を持つようになったが，名詞後部の格の要素も残した。イタリアほど改革が徹底していなかったわけで，逆に言語がいっそう複雑になってしまった。改革が徹底しなかったのは，先進国の表面的なまねに終わったためではないか。

言語として優れているとはどういうことか

　言語として優れているとはどういうことか。論文から分かることは，単純であることである。言語はひとたび複雑化すれば，単純な形に戻そうとする。その戻し方は，ラテン語の場合，動詞を名詞のまえに出し，動詞と名詞の間に創出した前置詞に格を移すことによって，複雑化した名詞後部を単純化することだった。

日本語は幸いにも膠着性を保つ

　日本語は幸い膠着性を保っており，文法的要素を名詞のあとに順次付けたしていく。このような膠着語の特徴は，文法要素の透明性が高く，文法構成が分かりやすいということである。これが人類の元来の言語の姿であった。印欧語も元は膠着語であった。

　日本語は膠着性を保っており，単純化することこそあれ複雑化はしていない。だから，印欧語のような語順を変えるほどの改革は，まったく必要がなかった。

ＥＶ論文

モンゴル語，日本語の主格・対格表示の対照
—「従属節内主格は主文内主格とは異なる」という意識—

銀　柱　／　今泉　喜一

要　旨

　従属節内の主格語が主文内の主格語と異なる場合，その主格語は，モンゴル語では対格表示形式(-gi/-yi)をとる。日本語でも古語において「を」で表示される場合があった。これはどういうことか。両言語の，主格表示法，対格表示法を検討し，対照した。その結果，モンゴル語の -gi/-yi という目的格表示形式は，特定機能表示形式として捉えるほうが適切であること，人間には，主文の主格と従属節の主格とは異なる主格である，という意識があったのではないか，という仮説を得た。
キーワード：モンゴル語，日本語，主格，対格，従属節

０　はじめに

　本論文で扱うモンゴル語は中国の内モンゴル自治区で行われている現代モンゴル語である。例文として掲げたモンゴル語のテキストは，母語話者である著者・銀柱が作成したものであるが，モンゴル語としての妥当性を他の母語話者数名に確認した。

　ローマ字表記に当たっては，内モンゴル高等学校教材（1983）や水野（1988），フフバートル（1993），橋本（2007）などの転写方法を参考にした。

　モンゴル語の構造図については，「日本語構造伝達文法」の構造表示法にならって，現在のところ妥当と考えられる形式で示してある。

１　主格語表示の対照研究

　主格にある名詞を「主語」といわずに「主格語」ということにする。このほうが，格が明示できるからである。モンゴル語の主格語は語尾(格詞)を持たないゼロ形式で表示される。本論文では，名詞が属性に対して主格にあるが，音形式でそれを示さないことを，日本語の主格格詞と同じように，$-\emptyset_1$ という記号を使って表示する。

　「 Terge-$\emptyset_1$　ire-ne」というモンゴル語は「車来る」の意味である。terge(車)は主格(ゼロイチ格)にある。現代日本語の主格表示形式には「$\emptyset_1$」のほかに「が」もあるので，「車-$\emptyset_1$来る」とも「車-が来る」とも言える。

1.1 モンゴル語の主格語表示

モンゴル語の主格語は，[1]主文内と，[2]従属節内にある場合で分けて考える必要がある。

[1] 主文内にある主格語

主格語が主文内にある場合は，語尾を持たないゼロ形式で表示される（「-∅1」で表示）。下の例では，下線のついた語が主格語であり，主語になっている。語尾は何も付いていない。

(1)　<u>Terge-∅1</u>　ire-ne.　（車が来る。）
　　　車　　　　　来る

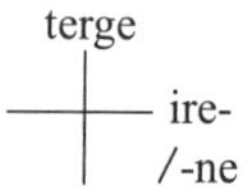

```
      terge
 ───────┬──── ire-
        │     /-ne
```
図1　(1)の図

(2)　<u>borogan-∅1</u>　oro-na.　（雨が降る。）
　　　雨　　　　　降る

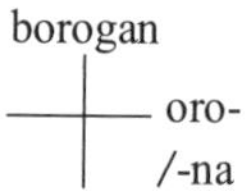

```
            borogan
      ───────┬──── oro-
             │     /-na
```
図2　(2)の図

(3)　<u>tenger-∅1</u>　dogara-ba.　（雷が鳴った。）
　　　雷　　　　　鳴った

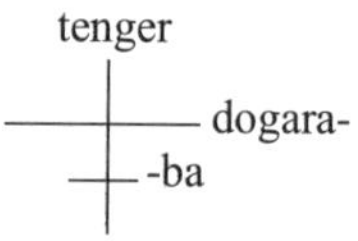

```
      tenger
 ──────────┬──── dogara-
           ├──── -ba
```
図3　(3)の図

(4)　<u>ezhen noyan-∅1</u>　tong　bayarla-ba.
　　　王たち　　　　　非常に　喜んだ
　　（王たちは非常に喜んだ。）
　　　　　ezhen　主人・支配者
　　　　　noyan　貴族・支配者

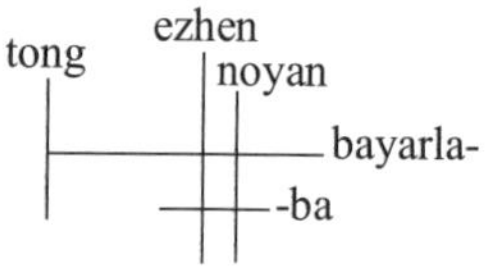

```
                ezhen
         tong   noyan
    ──────┼──────┼──── bayarla-
          │      ├──── -ba
```
図4　(4)の図

(5)　<u>Bide-∅1</u>　bagator　in　baishing-gi　bari-ba.
　　　私たち　　バガトル　の　　家　　を　建てた
　　（私たちはバガトルの家を建てた。）

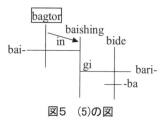

図5　(5)の図

　上のように，下線のある主格語(名詞)は，主格にあることを示すための何の語尾もつかない。何の語尾もつかないことが，主格にあることを示している。（何の語尾もつかないことを「-∅1」で示してある。）

[2] 従属節内にある主格語　　　　従属節は 〈　〉で示す。
従属節内の主格語については，2つの場合がある。

〈1〉主文内の主格語と従属節内の主格語が同じ場合

……従属節内の主格語を消す。

(6)　Tere-Ø1　〈 ⊖ olos-tan hariho-tal 〉　end-du sogozhu bai-ba.
　　　彼　　　（彼が）　国-へ　帰る-まで　　ここ-に　住んで　いた

日本語でも同じ。次の例の，従属節内の「彼が」は省略される。
「彼は［彼が国へ帰るまで］ここに住んでいた。」

〈2〉主文内の主格語と従属節内の主格語が異なる場合

……従属節内の主格語は，対格の語尾（対格詞）-gi / -yi で示される。

(7)　〈 <u>Terge-gi</u> ire-tel 〉　　（chi）　　　end-du bai-garai.
　　　車を　来る-まで　（あなたは）　ここ-に　い-てください。

日本語では，「車<u>が</u>来るまで」のように，<u>従属節内の主格語は「が」で表す</u>。
モンゴル語では，従属節内の主格語は，主格ではなく対格の語尾（対格詞）
で表示される。対格の語尾は，-gi か -yi で出現する(注)。

(注) モンゴル語の語尾は，前接の語が母音末，子音末のいずれであるか，男性語，女性語のい
ずれであるかで形式が異なる。多くの語尾が2つ以上の形式を持っているが，意味は同一である。

以下の例文は上の 〈2〉の主文内の主格語と従属節内の主格語が<u>異なる</u>ものである。

(8)　〈 Nara-gi mando-agsagar 〉　bide yabo-na.　（日が出たら　私たちは行く。）
　　　日-が　　出たら　　　私たち　行く

(9)　〈 Chasi-gi arila-gad 〉　bide morda-ya.　（雪が溶けてから　私たちは行こう。）
　　　雪-が　溶けてから　私たち　行こう

(10)　〈 Belchiger-yi nogogar-bel 〉 suruggen adogola-ya.
　　　　草原-が　緑になったら　　群　　放牧しよう
　　　　　　　　　　　　　　　　　（草原が緑になったら　群を放牧しよう。）

(11)　〈 Borogan-yi　oro-magzha 〉　humus harizhu ire-be.
　　　　雨-が　降り始めてすぐに　人々は　帰って　来た
　　　　　　　　　　　　　　　（雨が降り始めてすぐに人々は帰ってきた。）

以上のように，モンゴル語では**主格語**をこう表す。
　　主文内の主格語　……　名詞のまま。(語尾〈格詞〉は付けない。「Ø1」で表示。)
　　従属節内の主格語（主文内の主格語と従属節内の主格語が異なる場合。）
　　　　……　名詞に<u>対格詞</u>を付ける。

1.2 日本語の主格語表示

日本語の主格語表示は，古代と現代で違いがある。以下に掲げる例では，従属節を〈 〉内に入れて示す。

[1] 古代語

[主文内主格語]　古代は，主文内では名詞が主格にある場合，そのことを格詞でわざわざ示す必要はなかった。この格詞で示す必要のなかった主格を「∅1」で表示し，この「∅1」を主格詞とする。

(12) 〈朝霞∅1 たなびく〉野辺に あしひきの 山ほととぎす∅1 いつか 来鳴かむ

　　〈朝霞がたなびく〉野原に山のほととぎすはいつ来て鳴くのだろうか。万葉 10/1940)

[従属節内主格語]　上の例の「朝霞」のように，従属節内にある主格語も主格詞「∅1」で示されたが，今泉(2003:33-36)は古代日本語では従属節内にある主格語が「を」で表される場合もあったと指摘している。ここに引用する。（下線は引用者）

(13) 〈夜並(ナラ)べて君を来ませ〉とちはやぶる神の社を祈(ノ)まぬ日は無し

　　〈幾夜も続けてあなたが来られるように〉と神の社に祈らない日はない(万葉11/2660)

「ミ語法」と呼ばれる例もある。

(14) 人目を繁み……　（人目が多いので……)

従属節内主語が「帯感主体」である例もある。

(15) 〈紫のにほへる妹をにくくあらば〉人妻ゆゑにわれ恋ひめやも

　　〈紫草のように美しく輝いているあなたが憎いのなら〉，　（あなたが）人妻であるのに（どうして）私が恋い慕おうぞ　（万葉1/21)

この古代日本語の「を」で表示される従属節内主格語は，モンゴル語の従属節内対格表示主格語のあり方とよく似ている（今泉 2003:35）。これについては3節参照。

[2] 現代語

現代語の主格語表示は第1主格，第2主格，第3主格に分けて考える必要がある。

表1　現代語の3つの主格

主格	関心の中心	格詞	構造図	設定順
第1主格	名詞	∅1	花￨　⇒　花￢— sak-	名詞が先に設定される
第2主格	事象	が1	花￢— sak-	名詞と属性の設定が同時
第3主格	属性	が2	—— sak-　⇒　花￢— sak-	属性が先に設定される

[第1主格]
- 日本語の本来の主格は，格詞は取らない。名詞のままである。
  格詞を取らないことを，格詞$\emptyset_1$で表す。これは古代から今日まで続いている。
  - (16)　花$\emptyset_1$　咲く。　　　　私$\emptyset_1$　田中です。
- これを，相対化描写詞「は」によって目立たせたりすることがある。
  - (17)　花$\emptyset_1$は　咲く。　　　　私$\emptyset_1$は　田中です。

[第2主格]
- 事象を表すのに「が」が使われる。
  - (18)　花が　咲いている。　　私が社長です。
- 従属節の主格を「が」が表す。(「は」が添加されて，「が」が消えることもある。)
  - (19)　〈私が　社長である〉ことを誰でも知っている。
  - (20)　〈花が　咲く〉のは明日だ。　(〈花~~が~~は　咲く〉のは明日だ。)

[第3主格]
- 属性が先に決まり，あとから主語が選ばれるとき，「が」が使われる。
  - (21)　(何が咲くか。→)　花が　咲く。
  - (22)　(どなたが社長さんですか。→)　私が　社長です。

日本語の現代語ではこのように，主格語は，「$\emptyset_1$」ないしか「が」によって表される。
従属節の主格語は，第2主格詞の　-ga　で表示される。

1.3　従属節の主格語と，主文の主格語が同一の場合

従属節の主格語と主文の主格語が同一の場合は，普通従属節の主格語が省略される。
- (23)　鳥$\emptyset_1$は〈~~鳥が~~飛ぶ〉とき(に)，羽を広げる。

1.4　モンゴル語と日本語の主格語表示の対照

モンゴル語と日本語を比べると，次のような表になる。

表2　モンゴル語と日本語の主格語表示の対照

言語 ＼ 主格語	モンゴル語	日本語	
		古代日本語	現代日本語
主文内　主格語	-$\emptyset_1$	-$\emptyset_1$	第1主格　-$\emptyset_1$ 第2主格　-ga 第3主格　-ga
従属節内　主格語	-gi / -yi	-$\emptyset_1$ / -o	第2主格　-ga
	従属節内の主格語が，主文内の主格語と同じ語である場合は，普通，従属節内の主格語が省略される		

> [生じる疑問]　モンゴル語と古代日本語は，従属節内主格語の表示が，
> 対格語表示と同じであったか。(3節，4節参照)

2 対格語表示
2.1 モンゴル語の対格語表示

　モンゴル語では，述語が他動詞のとき，その直接目的語である名詞は，**対格**ないし**不定格**という2つの格のどちらかの形で表される。

<1> **対格**………語尾（格詞）-gi, -yi によって表示される。(p.61の<注>参照。)

　　　(24)　Ene bariliga-gi　barigsan.　　（この建物を建てた。）
　　　　　　この　建物　を　建てた

<2> **不定格**……ゼロ語尾で表示される。（格詞 -Ø ないしは -Øgi, -Øyi で表す。）

　　　(25)　　Bariliga-Øgi　barigsan.　　(　建物　建てた。…)
　　　　　　　建物　　　　建てた

2.2 モンゴル語で対格語を<1>対格語尾で表示するのは特定の場合

　モンゴル語では，対格語は，特定の対象に限定しない限り，不定格で表す。対格語尾を付けない（上の<2>）。つまり，対格語尾が使用されている場合は，その名詞が特定の対象であることを示している（上の<1>）。

　特定の対象とは，阿拉担朝魯ほか（1998）によれば，次の 1) ～ 8) のような8種類のものである。筆者が簡略にまとめた形で引用し，参考のために例文を付け，その構造を示した。

1) 固有名詞（とその関係物）

　　　(26)　Bide　bagator in baishing-gi　bariba.　　（bagator が固有名詞）
　　　　　　私たち　バガトル　の　家　を　建てた

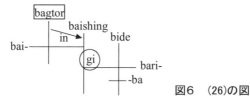

図6　(26)の図

2) 指示詞

　　　(27)　Tegun-yi　abuna.
　　　　　　それ　を　買う

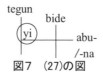

図7　(27)の図

3) 人称代名詞

　　　(28)　Chima-gi　hurugune.
　　　　　　あなた　を　送る

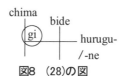

図8　(28)の図

4) 指示詞や人称代名詞で修飾された名詞

(29)　<u>Man no ger-yi</u> cheberilebe.
　　　 私 の 家 を 掃除した

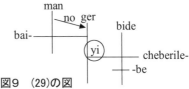

図9　(29)の図

5) 人称所属語尾の付く名詞

人称所属語尾 mini（私の），chini（あなたの），ni（彼の）

(30)　<u>Mal-yi</u>　<u>mini</u>　eriged　ugugerei.
　　　 牛 を 私の 探して くれ

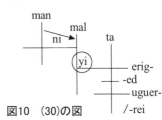

図10　(30)の図

6) 名詞化された動詞，数詞，形容詞

(31)　<u>Gorba-gi</u>　abogad　ire.
　　　 三つ を もって こい

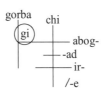

図11　(31)の図

7) 述語が離れていて関係性を示しにくい名詞（目的語）

(32)　<u>"Huhesotor"</u>-yi　aldaeto　zhoholzhi
　　　 『フフソトル』を 著名な 作家

injiniyasi　　<u>bitibe</u>.
インジニヤシが 書いた

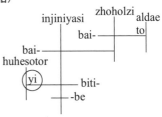

図12　(32)の図

8) 本来不定格をとるべき場合でも，統語上の関係を明示したい名詞（目的語）

(33)　<u>Bariliga-gi</u>　olen tumen　barigsan.
　　　 建物 を みんなが 建てた

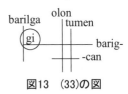

図13　(33)の図

> モンゴル語の目的語は，普通，格表示の必要はない。上掲 1)〜 8)の特定の場合にのみ，対格語尾（対格詞）により格が明示される。

2.3 日本語での対格表示

　モンゴル語では，8種類の特定の場合だけ名詞に対格表示をするが，日本語の対格詞「を」は，モンゴル語とは使用条件がだいぶ異なっている。

　日本語では，もともと対格の表示は必要なかったが，平安時代中頃から目的語を表すのに「を」を使用するようになった。現代日本語では，この「を」は，文章語では使用され，口頭語では省略される傾向が強いという特徴を持つ。

　(34)　［文章語］　テレビを見ていたら(ば)，彼がそれを解説していた。
　(35)　［口頭語］　テレビ~~を~~見て~~い~~たら(~~ば~~)，彼がそれ~~を~~解説して~~い~~た。

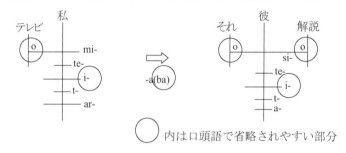

　　　　　　　◯ 内は口頭語で省略されやすい部分

　　　図14　（文章語）　テレビ-o見て i-たら(ば)，彼がそれ-o解説して i-た
　　　　　　　（口頭語）　テレビ＿見て＿たら＿＿，彼がそれ＿解説して＿た

　上の例文で見るように，「を格詞」は，文章語では表示され，口頭語では表示されない傾向がある。構造は当然同じである。

2.4 対格語の表示を対照する

表3　対格語をどんな形式で表示するか

言語 / 格表示	モンゴル語	日本語	
		古代日本語	現代日本語
対格語を示す，格表示	特定の対格語　-gi / -yi - - - - - - - - - - - - - - - - 普通の対格語　-Ø	-Ø	文章語　-o（を） - - - - - - - - - - - - - - 口頭語　-Øo

　ここまでは例文を構造で示したが，以下においては，まだモンゴル語の構造の解明が進んでいないので，構造図は，図15と図16の2図にとどめた。

3　従属節内の主格語表示の対照研究

3.1　問題点……「車を来るまで，～」

　モンゴル語では，主文の主格語と異なる主格語を持つ従属節において，「車を来る
まで」のように主格語が日本語の「を」に当たる対格詞（対格語尾）で表示される。

(36) 〈 <u>Terge-gi</u>　ire-tel 〉　　(chi)　　　　end-du　bai-garai.　　例文(7)の再掲
　　　　車　を　来る-まで　（あなたは）　ここ-に　い-てください。

　現代日本語では，このモンゴル語のように主格名詞を対格詞で表すことは，決して
ない。

(37) *<u>車</u>を来るまで，（あなたは)ここにいてください。

　この事実はすでに小澤(1997:40-41)などにより指摘され，若干考察されてはいたが，
その実態については調査されていなかった。本稿では，この実際について明らかにし，
さらに古代日本語との類似性と対照しつつ考察してみたい。

3.2　先行研究と本論文

　モンゴル語では，従属節において，主格名詞が対格詞をとる，と言える。……この
現象について考えるために，次の3つの視点が設定できる。

　　①［統語上］どのような統語的な環境の下で対格形主語が出現するのか。
　　②［形態上］なぜ，主語がほかの格形ではなく対格形で出現するのか。
　　③［意味上］対格形主語には，どのような意味的特徴があるのか。

　このうち，②③については，水野(1988)において考察が展開されている。それによ
れば，従属節の主語に対格形があらわれる環境として，3つのタイプがある。

　　ⓐ　従属節の後に主節があらわれる順行型のタイプ
　　ⓑ　主節の中に従属節が埋め込まれた埋め込み型のタイプ
　　ⓒ　一方の主語が省略された省略型のタイプ

　これらにおいては，いずれも主節の主語と従属節の主語が違うことが指摘されてい
る。その上で，次の事実から，従属節の主語に対格形があらわれる理由を，<u>主節との
主語の違いを示しつつ一番近い述語表現との対応を示すため</u>，であるとした。

　　(I)　　従属節と主節の主語が共通の場合には主語に対格形があらわれないこと
　　(II)　　省略型タイプにおける解釈
　　(III)　副詞の解釈
　　(IV)　埋め込み型における対格形主語の文法性の差

　水野(1988)にあるように，②③については考察が進められているといえる。しかし，
最も根本的な

　　①［統語上］どのような統語的な環境の下で対格形主語が出現するのか。
という問題は残念ながら，ほとんど扱われていない。

　本論文では，モンゴル語の従属節になりうる，2つの動詞述語節（副動詞節と形動
詞節）及び引用節から，" gi / yi "をとる対格形主語の出現環境を突き止めたい。

3.3 従属節内の主格語表示の対格語尾 "gi / yi" の出現環境

[1] 「副動詞形」と「形動詞形」

モンゴル語の動詞は，文中で使われるとき，次のいずれかの形になる。

　(a) 述語として文を終える形

　　　　　「終止形」及び「希求形」がある。

　(b) 述語とはならずに名詞や述語を修飾する形

　　　　　「副動詞形」及び「形動詞形」がある。

これをまとめると表4のようになる。

表4　モンゴル語動詞の文中での機能と形式

文中での動詞の機能			動詞の形の名称
(a) 述語となる	時間的意味を表す	主文を形成	終止形
	意思・要求などを表す	主文を形成	希求形
(b) 修飾する	述語を修飾する	従属節を形成	副動詞形
	名詞類を修飾する	従属節を形成	形動詞形

　モンゴル語の文中にある動詞は，必ずこの4つの形（終止形・希求形・副動詞形・形動詞形）のどれかである。ここから，「従属節」の動詞を体系的に扱うためには動詞の（b）の「副動詞形」と「形動詞形」のすべてを扱えばよいことになる。

　では，どんな「副動詞形」と「形動詞形」があるのだろうか。

　　　動詞の「**副動詞形**」を表に示すと，表5のようになる。

　　　動詞の「**形動詞形**」を表に示すと，表6のようになる。

　動詞の「副動詞形」　動詞の「副動詞形」は動詞語幹＋副動詞語尾からなり，（主文の)述語動詞を修飾する。動詞を修飾するので，副詞的な動詞の形ということで「副動詞形」という。副動詞形を形成する語尾として10種類の語尾が存在する。

　　　例　表5の⒣3　-bal / -bel　nogogar-bel　（緑になったら）　例文(42)参照

　動詞の「形動詞形」　動詞の「形動詞形」は動詞語幹＋形動詞語尾からなり，（主文の)名詞類を修飾する。意味的には動詞のように動作，作用を表す。名詞を修飾するので，形容詞的な動詞の形ということで「形動詞形」という。形動詞形を形成する語尾として6種類の語尾が存在する。動詞連体形がそのまま名詞として使用されることは日本語古語の動詞連体形と同じである。

　　　例　表6の⒦1　-dag / -deg　ebeder-deg　（腐る）　例文(52)参照

表5　動詞の副動詞形の表

副動詞形		訳・意味	
ⓗ1	並列副動詞語尾「-zhu」「-chu」	－し，	同時，並列
ⓗ2	結合副動詞語尾「-n」	－て，	継起，繰り返し
ⓗ3	仮定副動詞語尾「-bal」「-bel」	－たら，	確定・仮定条件
ⓗ4	継続副動詞語尾「-agsagar」「-egseger」	－たら，	継続
ⓗ5	分離副動詞語尾「-gad」「-ged」	－から，	ある事象の完了後
ⓗ6	前提副動詞語尾「-manjin」「-menjin」	－ても，	譲歩
ⓗ7	譲歩副動詞語尾「-bachu」「-bechu」	－まで，	限界・程度
ⓗ8	限界副動詞語尾「-tala」「-tele」	－こそ，	前提条件
ⓗ9	随伴副動詞語尾「-holar」「-huler」	－て，	気づき
ⓗ10	即時副動詞語尾「-magcha」「-megche」「-nggota」「-nggute」	－てすぐ，	即時

表6　動詞の形動詞形の表

形動詞形		訳・意味	
ⓚ1	反復形動詞語尾「-dag」「-deg」	－する	習慣・反復
ⓚ2	未完了形動詞語尾「-ga」「-ge」	－する	未完了
ⓚ3	未来形動詞語尾「-ho」「-hu」	－する	現在・未来
ⓚ4	完了形動詞語尾「-agsen」「-egsen」	－した	過去・完了
ⓚ5	様態形動詞語尾「-mar」	－ほど	希望・可能性・程度
ⓚ6	行為者形動詞語尾「-agchai」「-egchei」	－する	名詞化・擬人化

- -

[付記]　なお，**補助動詞**として使用される「bai-ho」（ある，いる）や「bol-ho」（なる）などの動詞の形成する従属節の場合も対格形主語をとることを付記しておく。

(38) 〈Nara "gi" garo-zhu bai-ho 〉 uye du garogosen.
　　　日　が　出て　いる　とき　に　出かけた

この補助動詞としての使用については，副動詞の場合でも同じことがいえる。

[ge-hu（言う）]……従属節が**引用節**である場合の対格形主格語

モンゴル語には「ge-hu」（言う）という動詞が存在する。文中で引用（内容・伝聞）を表すが，語尾変化は普通の動詞と同様であり，語幹「ge-」にいろいろな語尾を付けることができ，日本語の「～と / ～という / ～といって / ～といった」と似た意味を表す。この動詞が構成する従属節である引用節内の主格語も対格表示になる。

(39) 〈nada-gi harizhai 〉 ge-zhu bitegi hele-garei.
　　　私　が　帰った　と　不　言って-ください　（言わないでください）

表内の 10 種類の副動詞語尾と，6 種類の形動詞語尾の一つひとつにつき，主格語が対格詞によって表現される可能性を検討した。ここには結果のみ簡潔に示す。

[2] 動詞の副動詞形

ⓗ1 並列副動詞語尾「-zhu」「-chu」

２つ以上の動作が同時に，あるいは並列的に行われることを表す。

(40) Tenger-Øı dogara-zhu borogan oro-na.
　　　雷が　　　鳴り　　雨が　　降る

ⓗ2 結合副動詞語尾「-n」

複数の動作が継起的に，あるいは同一の動作が繰り返し生起することを表す。

(41) Gazhar-Øı hutele-n tenger dogara-ba.
　　　地面が　　揺れて　雷が　　鳴った

以上の，ⓗ1，ⓗ2 の副動詞形は，従属節の独立性が高く，その中にある主格語（Tenger, Gazhar）は対格形をとらず，主文の主格語と同じ主格詞をとる（何も付かない）。重文と考えられる。

ⓗ3 仮定副動詞語尾「-bal」「-bel」

確定条件や仮定条件を表す。対格形主語をとる。

(42) 〈Belchiger-yi nogogar-bel 〉 suruggen adogolaya.
　　　草原　が　緑になったら　　群を　　放牧しよう

ⓗ4 継続副動詞語尾「-agsagar」「-egseger」

ある動作の続く状態を表す。対格形主語をとる。

(43) 〈Nara-gi mando-agsagar 〉 bide yabona.
　　　日　が　出たら　　私たちは　行く

ⓗ5 分離副動詞語尾「-gad」「-ged」

ある動作が済んでから続いてほかの動作を行うことを表す。対格形主語をとる。

(44) 〈Chasi-gi arila-gad 〉 bide mordaya.
　　　雪　が　溶けてから　私たちは　行こう

ⓗ6 譲歩副動詞語尾「-bachu」「-bechu」

譲歩の意味を表す。対格形主語をとる。

(45) 〈Humun tutulhiten-yi muhu-bechu 〉 unen yoso hobiraho ugei.
　　　人　類　が　滅びても　　真理は　変わら　ない

ⓗ7　限界副動詞語尾「-tala」「-tele」

動作，状態の限界や程度を表す。対格形主語をとる。

(46)　〈Zhuruhe-gi chichir-tele 〉　yehe　dago　bar　zhanghaba.
　　　　心臓　が　震えるまで(ほど)　大きい　声　で　叫んだ

ⓗ8　前提副動詞語尾「-manjin」「-menjin」

ある目的を達成するための前提条件を表す。対格形主語をとる。

(47)　〈Boroga-gi oro-manjin 〉notog　belchiger-yi　saizhiragolona.
　　　　雨　が　降ってこそ　　　故郷（大地）　を　よくすることができる

ⓗ9　随伴副動詞語尾「-holar」「-huler」

ある動作を行うついでに次の動作を行うこと，ある動作を行うことによって次の
結果が分かる，ある事柄に気が付くということを表す。対格形主語をとる。

(48)　〈Arad-gi surete-huler 〉ezhen noyan　tong　bayarlaba.
　　　　民衆　が　怖がって　　　王たちが　非常に　喜んだ

ⓗ10　即時副動詞語尾「-magzha」「-megzhe」「-nggota」「-nggute」

ある動作等と間を置かず，別の動作を即時に行うことを表す。対格形主語をとる。

(49)　〈Borogan-yi oro-magzha 〉　humus　harizhu　irebe.
　　　　雨　が　降り始めてすぐに 人々は　帰って　きた

以上，副動詞を構成するすべての語尾を取り上げて検討することによって，対格形
主語の出現状況は 10 種類の副動詞構文中 8 種類において可能であることが判明した。

表7　動詞の副動詞形での，対格詞による主格語表示

	副動詞形	対格詞による主格語表示
ⓗ1	並列副動詞語尾「-zhu」「-chu」	不可
ⓗ2	結合副動詞語尾「-n」	不可
ⓗ3	仮定副動詞語尾「-bal」「-bel」	可
ⓗ4	継続副動詞語尾「-agsagar」「-egseger」	可
ⓗ5	分離副動詞語尾「-gad」「-ged」	可
ⓗ6	前提副動詞語尾「-manjin」「-menjin」	可
ⓗ7	譲歩副動詞語尾「-bachu」「-bechu」	可
ⓗ8	限界副動詞語尾「-tala」「-tele」	可
ⓗ9	随伴副動詞語尾「-holar」「-huler」	可
ⓗ10	即時副動詞語尾「-magcha」「-megche」「-nggota」「-nggute」	可

ⓗ1 と ⓗ2 は，主文が並んだものと見なされる。重文であり，前節の独立性
が高いために主語に対格詞がつかない。

[3]　動詞の形動詞形

　形動詞形には，名詞を修飾する際の主格語を，原則として<u>属格(所有格)</u>にするとい
う大きな特徴がある。

　　(50)　〈uchugedur　<u>mini</u>　　　agolzh-agasan 〉　humun
　　　　　　昨日　　　私の(属格)　　　会った　　　　　　人

　主格のままでは非文になる。日本語の場合は主格「が」は可能である。

　　(51)　*〈uchugedur　<u>bi-Ø1</u>　　　agolzh-agasan 〉　humun（×）
　　　　　　昨日　　　私(主格)　　　　会った　　　　　　人

　しかし，形動詞形は，副動詞形と同じように，対格形主格語も可能とする。従来の
研究ではほとんど形動詞形は扱われていなかった。形動詞語尾には 6 種類のものがあ
るので，ここで副動詞形と同様，それぞれにつき，例文を挙げて，その実際を見てみ
ることにする。結果のみを簡潔に示す。

ⓚ1　反復形動詞語尾「-dag」「-deg」

　動作・行為の習慣性，反復性を表す。対格形主語をとる。

　　(52)　〈Ene idegen-gi honog uzhiseger　<u>ebeder-deg</u> 〉-gi　martaugui.
　　　　　　この 食べ物 が 　次の日に　　　腐る(こと)　　を　忘れない

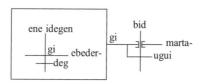

図15　(52)の図

ⓚ2　未完了形動詞語尾「-ga」「-ge」

　ある動作が過去のあるときから現在まで継続したままでまだ完了していない状態を
表す。対格形主語をとる。

　　(53)　〈Bagsii-gi <u>ayo-ga</u> 〉　　baidel-yi　anghaodaga　uzhebe.
　　　　　　先生 が 怖がっている 　様子 を 　何回も 　　見た

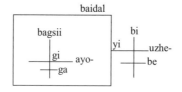

図16　(53)の図

ⓚ3　未来形動詞語尾「-ho」「-hu」

　動作・作用の現在及び未来を表す。対格形主語をとる。

　　(54)　〈Ene hudege-gi hota in togorig <u>bol-ho</u>〉-gi　hen chu　bodozhu ologsan ugui.
　　　　　　この 田舎 が 都市の 中心に なること を 　だれも 　考えていなかった

ⓚ４　完了形動詞語尾「-agsan」「-egsen」

過去と完了を表す。対格形主語をとる。

(55) 〈Gazhar-gi　hutel-egsen 〉　du　　bite　　　sochin seribe.
　　　地面　が　　動いた　　　　とき　私たちは　　起きた

ⓚ５　様態形動詞語尾「-mar」

希望あるいは物事・動作・作用の可能性及び行為・状態の程度を表す。
対格形主語をとる。

(56) 〈Sunes-gi　garo-mar 〉　　(tere)　bahiraba.
　　　魂　が　飛び出るほど　　　　（彼は）　叫んだ

ⓚ６　行為者形動詞語尾「-agchi」「-egchi」

動詞を名詞化，あるいは擬人化する。この語尾は名詞類を修飾するのではなく，それ自体が名詞として使われるため，-gi は主格ではなく，対格を表す。

(57) Tere　humun-Ø1　hele-egchi -gi　　bide　　madene.
　　　あの　人が(主格)　口達者な人　を　　私達は　知っている

以上のように形動詞の場合は，対格形主格語の出現が6種類中5種類において可能であることが判明した。これを表8のようにまとめることができる。

表8　動詞の形動詞形での，対格詞による主格語表示

形動詞形		対格詞による主格語表示
ⓚ１	反復形動詞語尾「-dag」「-deg」	可
ⓚ２	未完了形動詞語尾「-ga」「-ge」	可
ⓚ３	未来形動詞語尾「-ho」「-hu」	可
ⓚ４	完了形動詞語尾「-agsen」「-egsen」	可
ⓚ５	様態形動詞語尾「-mar」	可
ⓚ６	行為者形動詞語尾「-agchai」「-egchei」	不可

ⓚ６では，動詞が名詞化される。

3.4　二義性の出現する他動詞

他動詞は目的語をとるが，目的語を表すのは日本語の格助詞「を」に相当する対格語尾 "gi / yi" である。

(58) Tegun-yi　idene.
　　　それ「を」食べる

この対格を表す語尾 " gi / yi "が，これまで見てきたように，従属節内の主格語を表すことがあるので，次のような文に二義性が生じることになる。

(59) Tanos　　　ene nohai-gi　　ide-tel　　　end du　　baigarai.
　　　あなたたちは　この　犬　を／が　食べるまで　ここに　いてください

この文では，nohai（犬）が主格語，対格語の両方に立つ可能性があり，どちらであるかにより，意味が異なる。

このような場合，主語であることを示す再帰語尾「ban」を加えることによって二義性が回避される。

(60)　Tanos　　　ene　nohai-gi ban　ide-tel　　end du　　baigarai.
　　　あなたたちは　この　犬　を／が　　食べるまで　ここに　　いてください

　ふつうは文脈等によって二義性は回避されるが，理論的には従属節内の動詞が他動詞である場合には以上のように二義性の生じる可能性がある。

4　古代日本語には従属節内対格形主格語があった……モンゴル語との対照

　今泉（2003:33-36）は古代日本語では従属節内主語が「を」で表されていたことを指摘している。いくつかの例を引用する。例文は，（12）〜（15）の再掲である。

　（61）［夜並(ナ)べて君を来ませ］とちはやぶる神の社を祈(ノ)まぬ日は無し

　　　　［幾夜も続けてあなたが来られるように］と神の社に祈らない日はない（万葉11/2660）

　（62）人目を繁み……　　（人目が多いので……）

　（63）［紫のにほへる妹をにくくあらば］人妻ゆゑにわれ恋ひめやも

　　　　［紫草のように美しく輝いているあなたが憎いのなら］，（あなたが）人妻であるのに（どうして）私が恋い慕おうぞ（万葉1/21）

　この古代日本語の「を」で表示される従属節内主語は，モンゴル語の従属節内対格形主格語のあり方とよく似ている（今泉 2003:35）。日本語とモンゴル語が直接に影響関係があったとは考えにくいので，この類似性はおそらく両言語に「主文の主格と従属節の主格は異なる主格である」との共通する言語感覚があり，これに由来するものであろうとの仮説が設定できる。

[仮説]

モンゴル語では，①特定の対格語を示すために“gi / yi”が使用されている（本論文 2.1, 2.2）が，この“gi / yi”を，②従属節内の主格語にも使用して，従属節内の主格を**主文の主格と区別**しようとしたものと考えられる。したがって，①，②から，“gi / yi”は対格表示形式というよりは，**特定機能表示形式**と考えるほうが適切であるのではないか。

日本語では，「を」は，古代日本語で感動詞・間投助詞であったが，これを<u>第2主格（従属節内の主格）を表す格詞のように使用する</u>ことによって，従属節内の**主格を主文の主格と区別**しようとしたものと考えられる（今泉2003:35）。従属節内の主格詞としては，現代語では「が」を使用するようになっているが，この「が」は当時はまだ誕生していなかったのである（今泉 2005:97）。

両言語ともに　従属節内の主格は，主文の主格と異なる主格である，と捉えていたのではないか。……人間には，このような意識があったのではないか。

　モンゴル語と日本語を対照して考察することにより，以上のような仮説を導くことができる。

　両言語とも，元来，本来的な主格である第1主格（今泉 2003:29, 2005:11）を表示するための形式はなく，しかもこれは現代語に至っても存在していない（「Ø1」で表示）。また，両言語とも，元来，目的語を表すための形式もなかった。

5　結論

　第1節では，モンゴル語と日本語の主格表示のあり方を対照した。**主文内**ではモンゴル語ではØ1格詞をとり，日本語ではØ1格詞か「が」格詞をとること。**従属節内**では，主格語が主文内の主格語と同じ場合は，両言語とも，従属節内の主格語を省略すること。異なる場合は，モンゴル語では，従属節内の主格語を対格表現(-gi/-yi)にし，日本語では，「が」格にするが，古語においては対格表現(を)にする場合もあったこと。

　第2節では，モンゴル語と日本語の対格表示のあり方を対照した。モンゴル語では普通，対格詞は付けず，Ø格詞になるが，8種類の特別な場合だけ対格詞「-gi/-yi」を付ける。日本語では，文章語では対格詞「を」を付けるが，この対格詞は口頭語でよく省略される。

　第3節では，従属節内での，主格語が主文内の主格語と異なる場合の，主格語の表示法を対照した。モンゴル語では，可能なすべての場合を取り上げた。その結果，主格語が対格表現(-gi/-yi)になることが実証された。

　第4節では，日本語では古語において，従属節内での主格語が「を」(のちの格詞)で表示される場合もあったことを述べた。そして，仮説として，モンゴル語の-gi/-yiは目的格表示形式として捉えるよりは，特定機能表示形式として捉える方が適切であること，人間には，主文の主格と従属節の主格とは異なる主格である，という意識があったのではないか，ということが導かれることを述べた。

　今後はここに提示された仮説の妥当性について研究を進めていきたい。

参考文献

阿拉坦朝魯，嘎日迪　1998　『蒙古語語法』内蒙古教育出版社
今泉　喜一　2000　『日本語構造伝達文法』揺籃社
今泉　喜一　2003　『日本語構造伝達文法　発展A』揺籃社
今泉　喜一　2005　『日本語構造伝達文法　05年版』揺籃社
今泉　喜一　2009　『日本語態構造の研究 —日本語構造伝達文法発展B—』晃洋書房
小澤　重男　1992　『元朝秘史蒙古語文法講義』風間書房
小澤　重男　1997　『蒙古語文語文法講義』大学書林
小澤　重男　2000　『元朝秘史蒙古語文法講義　続講』風間書房
小澤　重男　2005　『元朝秘史蒙古語文法講義　終講』風間書房

小澤　重男　1978　『モンゴル語と日本語』弘文堂
小澤　重男　1978　『モンゴル語の話』大学書林
金岡　秀郎　2000　『モンゴルを知るための60章』　明石書店
吉日嘎拉　2005　「日語的他動詞与自動詞」『内蒙古師範大学学報』　34，4-34
銀　桩　　2012　「モンゴル語従属節中の対格形主語－古代日本語の類似性との対照
　　　も－」『杏林大学大学院国際協力研究科論文集』　第9号
椎名　誠　　1995　『草の海　モンゴル奥地への旅』　集英社
張承志（梅村坦訳）1992『モンゴル大草原遊牧誌―内蒙古自治区で暮らした4年』
　　　朝日新聞社
豊田　有恒　1977　『モンゴルの残光』　講談社
温品　廉三　1998　『語学王　モンゴル語』　三修社
橋本　邦彦　1999　「直接目的語の指示性」『室蘭工業大学紀要』　49，159-173
橋本　邦彦　2000　「副動詞構文の対格形主語」『室蘭工業大学紀要』　50，157-165
橋本　邦彦　2007　「モンゴル語の目的語節の統語論」『室蘭工業大学紀要』　57，25-
　　　36
ハイシッヒ（田中克彦訳）2000　『モンゴルの歴史と文化』　岩波書店
白　金剛，包満亮，孟根格日楽　1997『新編日蒙詞典』　内蒙古文化出版社
芭音芭特迡　2004『学生蒙古語文多功能詞典』　内蒙古教育出版社
フフバートル　1993　『モンゴル語基礎文法』　たおフォーラム
フフバートル　1997　『続モンゴル語基礎文法』　たおフォーラム
プレブジャブ，塩谷茂樹　2001　『初級モンゴル語』　大学書林
宝音芭特迡　2002　『日本語助詞解説』　内蒙古教育出版社
包　満亮　　2006　『モンゴル語と日本語の比較研究』　内蒙古人民出版社
水野　正規　1988　「モンゴル語の従属節の主語にあらわれる対格語尾について」
　　　『日本言語学会』　第96回　口頭発表要旨
水野　正規　1995「現代モンゴル語の従属節主語における格選択」
　　　『東京大学言語学論集』　14，667-680

高等学校教科書　1983『現代蒙古語法』　内蒙古教育出版社
高等学校教科書　1995『mongol zhang oila in zhoi』　内蒙古教育出版社

<table>
<tr><td>コラムE5</td><td>今泉喜一</td></tr>
</table>

日本語構造伝達文法は唯一の日本語科学文法

[国語文法は科学でない]

　国語文法というものがある。長い伝統につちかわれた文法であり，学校でも教えられている。しかし，国語文法は科学か，と問うとき，答えは否である。

[欠陥のある伝統]

　長い伝統というものは，その中に致命的な欠陥がある場合，人々がその伝統を大事に受け継げば受け継ぐほど，誤謬をますます大きくする。権威主義の強い日本であれば，なおさらのことである。

[研究者も教育される]

　学校で教えられている国語文法は，日本人に共通理解をもたらした。中に含まれている致命的欠陥にも気づかず，日本人はまじめにそれを受け継いだ。それはますます権威として立ち現れることとなり，その結果，それをよりどころに育つ研究者たちは，自然と，その権威に敵対する論議をしないようになった。

[国語文法の世界で重要なこと]

　科学の世界であれば，議論を評価する基準は，現実をうまく説明できるかどうかということである。……国語文法の世界は違う。現実の説明は，しょせん出来ないのだから，しなくてよい。現実の説明よりは，もっと重要なことがある。それは，権威者の議論に沿った形で議論が進められているかどうかということである。このほうがずっと重要なのである。

[国語文法は科学ではない]

　現実は説明しなくてよい。したくても方法がないのだからしょうがない。……この態度が，国語文法を科学から遠ざけた。国語文法には，このように，そもそも現実を説明しようという気構えがない。説明の方法を模索しようという意欲もない。……現実を説明することを放棄しているのだから，国語文法は科学ではない。こう結論づけざるを得ない。

[日本語構造伝達文法は唯一の日本語科学文法]

　日本語構造伝達文法は，現実を説明することに正面から向き合っている。

　　　① 生物は事象を集合として捉える
　　　② 形態素を明確にする
　　　③ 判断の構造を明らかにし，その表層化の方法を明らかにする
　　　④ 歴史的な言語変化も考慮する
　　　⑤ 音声変化も考慮する

　このように考えて，説明方法を確立した。このような文法はほかにない。

今泉喜一

形態素こそが基本単位

　水は H2O だということは誰でも知っている。しかし，昔の人は，水は水で，これが基本単位だと考えていた。水が水素と酸素の化合物だなどとは夢にも思わなかった。そもそも「化合物」という考え方もなかった。

　日本語の「学生だ」というときの「だ」も日本人は助動詞という基本単位であると考えていた。しかし，「日本語構造伝達文法」は，それはいわば「化合物」であると主張する。本当の基本単位で表せばこうなる。

$$-d=a-Øu$$

　ここには省略が働いているから，省略をしなければ，こうなる。

$$-de=ar-u$$

この「基本単位」を言語学では「形態素」という。

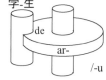

コE6-1　基本単位

　形態素とは，意味と文法的機能をもつ最小言語単位である。

だから，上の「 -de, ar-, -u, -d, a-, -Øu 」のすべてが，形態素である。本文法では，形態素を「詞」という。「学-生」は「学」と「生」の「基」（合成物）である。

> 　日本語構造伝達文法の構造モデルは，**形態素**がどのように関係しあっているのかを示している。

　いま，図EⅠ-4（書かされた）を例にとって，文を漢字とかなで示せばこうなる。
　　私が先生に感想を書かされた。
　これを形態素に分解して示せばこうなる。実詞（名詞）は漢字で示す。
　　私-ga 先-生-ni　感-想-o kak-as-ar-e-Øi=t-Øi=a-Øu

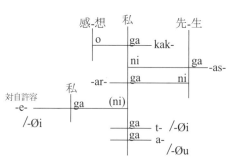

表コE6-1　形態素と基

形態素	動詞	kak-
	態詞	-as-, -ar-, -e-
	格詞	o, ga, ni
	実詞	私
	描写詞	-Øi, -Øu
基（合成体）	動詞基	=t-Øi=a-Øu
	実詞基	感-想, 先-生

図コE6-2　形態素表示　書かされた（図EⅠ-4 参照）

E Ⅵ論文

日本語「の」と中国語「的」の対照研究
－ 「N＋の/的＋N」を例として －

辛　奕嬴

要　旨
　連体修飾をする日本語の「の」と中国語の「的」は似た機能を持つので「N＋の＋N」と「N＋的＋N」は対応する場合が多い。ただし，対応しない場合もある。それは認知や前言語の段階における相違，言語表現での重点化の表現に相違があるからである。日本語の「の」の使用は前言語の段階で決まるが，中国語の「的」の使用・不使用は言語の段階で決まる。重点のありかを定めるのが言語段階だからである。また，中国語では「的」のない「N＋N」の形式があるが，これは重点化のない形式といえる。
キーワード：の，的，認知，前言語，対応，非対応

1　はじめに
　連体修飾をする日本語の「の」と，中国語の「的」は，ともに構造上の2つの名詞をつなぐ機能がある。しかし，両者には対応する場合と対応しない場合がある。

　対応する場合　日本語でいう「木のテーブル」は，中国語でも「木头的桌子」と言える。このとき，「の」も「的」も，構造上にある「木，テーブル」，「木头，桌子」をそれぞれつないでおり，「木，木头」が「材質」であることの意味を伝えている。

　対応しない場合　日本語では「日本語の先生」のように，「の」でつなぐ必要があるが，中国語では「的」が使えない。すなわち，「*日语的老师」とは言えず，「日语老师」となる。

　中国語の「N＋N」　中国語には，「N＋的＋N」の構造とは別に，「N＋N」の構造がある。日本語で「木のテーブル」と言うとき，中国語では「木头的桌子」のほかに，「的」のない「木头桌子」がある。日本語で「*木テーブル」とは言わない。

　本論文では，日本語構造伝達文法の構造図を使って，認知過程の面から，日本語の「N＋の＋N」と中国語の「N＋的＋N」，「N＋N」の類似と相違を明らかにする。

2　認知と言語の関係
2.1　認知が言語を生む
　言語は人間の認知と離れがたく結びついている。認知過程を通さない言語は存在しない。認知の結果を具体化したものが言語であるといえる。（ここでいう言語とは，文や句として表現された言語記号を指す。）

2.2 認知から言語への過程

趙艶芳（2000）によれば，人間の認知は次のような過程により言語になる。

客観世界 → 認知処理 → 概念 → 言語記号　　（図1参照）

つまり，「客観世界」が「認知処理」され，「概念」が生み出される。生み出された「概念」が「言語記号」になる，ということである。

日本語の「の」と中国語の「的」を対照する本稿においては，ここに示された過程の，「**概念**」の段階を，<u>①②③の3段階のもの</u>として捉えたいと考える(図1参照)。

「**概念**」の段階を3分割するのは，「の」と「的」が，①の段階では普遍性があるものの，②③の段階で異なりを見せるからである。さらに，日本語の「の」の使用は③の段階で決まるが，中国語の「的」の使用・不使用は，その③段階では決まらず，そのあとの「言語」の段階になってはじめて決まるからである。

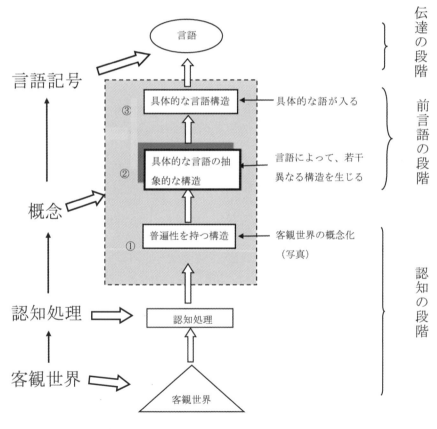

図中の太矢印(⟹)の左側が趙艶芳(2000)によるものであり，右側が筆者による。

図1　客観世界の認知から言語に至る過程

図中の下方にある「客観世界」から，順に上に向かって説明する。

[1]　[客観世界]の段階

　例えば，ここに下図のような物体が<u>ある</u>とする。これが客観世界での事象である。人間の意識はまだ物体を何として捉えていない(図2参照)。

図2　客観世界での物体

[2]　[認知処理]の段階

　人間の意識は，ここに物体があることを認知する。それが何であるかは，まだ認識がないが，物体の形状・質感などは直感的に捉える(図2参照)。

[3]　[概念①]の段階

　あるがままを意識に取り込んだレベルである。比喩的には，この物体を写真に撮ったような段階である。まだはっきりした概念にはなっていないので，この段階では特定の言語の形態をとっておらず，「物体認知」も「構造」も普遍性を持っている。

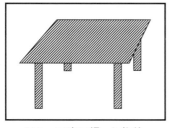

図3　写真に撮った物体　　　図4　概念未定の形式だけの構造

[4]　[概念②]の段階

　この物体を概念として捉えようとするのがこの段階である。物体が何であるか，材質が何であるかを明らかにしようとする。しかし，「テーブル」や「木」は直感的なままであり，まだ語にはなっていない。構造には言語の特質が現れる。「具体的な言語の抽象的な構造」の段階である。

図5　日本語の概念②の段階　　　図6　ある言語の概念2の段階

[5] ［概念③］の段階

概念が「語」という姿になり，構造が完成するのがこの段階である。

日本語話者なら，物体を「テーブル」と捉え，材質を「木」と捉える。中国語話者なら，それぞれ「桌子 zhuo zi」，「木头 mu tou」と捉える。構造は下図のようになる。「具体的な言語構造」の段階である。

図7　テーブルは木である　　　　図8　桌子存在木头

構造が確定したこの段階で，「テーブル」「桌子」を修飾して表現しようとすれば，日本語では「木のテーブル」という1通りの方法のみになるが(下図9参照)，中国語では「的」の有無に関する2通りの方法があり，「木头＋桌子」，「木头**的**桌子」という形になる(下図10，11参照)。

日本語ではこの段階で「木のテーブル」という描写形式が決定するが，中国語では，「木头＋桌子」「木头**的**桌子」のどちらにするかは，次の「言語」の段階を待たねばならない。

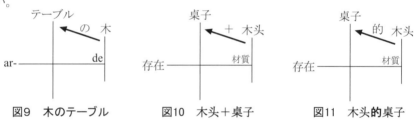

図9　木のテーブル　　　　図10　木头＋桌子　　　　図11　木头**的**桌子

[6] ［言語］の段階

日本語の場合は，［概念③］の段階で「木のテーブル」という表現が確定するが，中国語の場合は，［概念③］の段階では，「木头桌子」という表現にするか，「木头的桌子」という表現にするかは確定しない。これが確定するには別の要素が必要である。

つまり，日本語の「の」の使用は「前言語」の段階で決まるが，中国語の「的」の使用・不使用はこの段階では決まらず，次の段階の「言語」の段階で決まる，といえる。……日本語の「の」と，中国語の「的」の違いは，このような相違として捉えられる。

ここで2つのことが問題となる。

　　・中国語の「的」は何を表すのか。(「の」との違い)
　　・中国語の「的」の使用・不使用の違いは何か。

次にこの2つの問題について述べる。

3　日本語の「の」と中国語の「的」

3.1　対応する場合

　日本語の「の」は，日本語構造伝達文法で下図のように表されている（『日本語のしくみ(1)』p.19）。実体が2つ構造上にあるが，このことは，実体間に論理関係の存在することを意味する。「AのB」という形で，構造上にある2つの実体を結ぶ。表現「AのB」の意味は構造上の論理関係から生まれ，「の」そのものに「所有」等の意味はない。

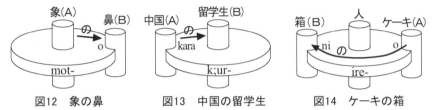

図12　象の鼻　　　　　　図13　中国の留学生　　　　図14　ケーキの箱

　中国語の「的」も機能は同じであると考えられ，構造上の2つの名詞をつなぐ。それで，多くの日本語の「N＋の＋N」の表現は，中国語の「N＋的＋N」の表現に翻訳される。逆も同じである。

3.2　対応しない場合

　しかし，「の」と「的」はまったく同じものではない。それで，「N＋の＋N」と「N＋的＋N」が対応しない場合がある。

[1]　「の」は使えるが，「的」は使えない　……「的」は同一の範疇にあるものをつなぐ

　　　　「日本語の先生」は言えるが，「*日语的老师」とは言えない。

　「日本語」と「先生」は異なる範疇に属する。つまり，「日本語」は「学科」の範疇に属し，「先生」は「人間」の範疇に属する。「学科」の範疇と「人間」の範疇には直接的な関係がない。このように，範疇が異なる場合には，「的」でつなぐことができない。

　もし，「日语」（日本語）が「日语组」（「日本語組」）となったとすれば，「的」が使えるようになる。

　　　　「日语组的老师」（「日本語組の先生」）

　その理由は，「日本語組」（特に「組」）は人間を含んでいるので人間の範疇に属し，「先生」も人間の範疇に属するので，2つの語の範疇に共通性があるようになるからである。

　もし，「日本語組」あるいは「先生」を強調する必要があれば，「的」を使う必要がある（日语组的老师）（次の4章参照）。「的」がなければ，強調される部分がないことになる（日语组老师）。

[2]　「的」は使えるが，「の」は多義になる　……「的」は非同格関係をつなぐ

　また，「的」は使えるが，「の」は多義になってしまう，という場合もある。

　　　　「医生的父亲」……「医者のもつ父親」の意味

　日本語の「医者の父親」は，「医者である父親」の意味も持ち，多義になっている。

「的」は重点化の機能を持つので，2つの名詞が同格の関係にあるときは使用できない。それで，「医生」と「父親」が同一存在であるこの文では「的」が使用できないのである(次の4章参照)。

4 「的」は重点のあることを示す
4.1 「木头的桌子」(「N＋的＋N」)の重点

日本語の「N＋の＋N」という表現は，中国語では「N＋的＋N」と「N＋N」の2つの表現のどちらかになる。では，中国語の「N＋的＋N」と「N＋N」の2つの表現には，どのような違いがあるのか，また，「的」は構造描写にどのような影響を与えるのか。これについて，次の[1]～[3]で考察する。

[1]　「N＋N」　重点がない場合

例1　A:这是什么？　　　　　　　　A:これは何ですか。

B1：　这是木头桌子。　　　　　　B1:これは木のテーブルです。

B2：?这是木头的桌子。　　　　　B2:これは木のテーブルです。

例1のように，事物そのものは何か，と質問する文脈では，「木头桌子」で答えることのほうが，「木头的桌子」で答えることよりよい。

「これは何か」のように，客観世界の存在物について問うときは，重点がないとみなせるので，「的」がないほうがよい。この時，もし「的」をつけて，「木头的桌子」と答えれば，何か余分に答えているという印象になる。

日本語の場合は，「木のテーブル」と言っても，中国語のように何か余分に答えているという感じはしない。「*木テーブル」という言い方がないからである。

[2]　「的」のあとに重点がある

例2　A:你想用这块木头　　　　　A:あなたはこの木で彼女に
　　　　做个什么送给她?　　　　　　　何を作ってあげますか。

B1:我想用这块木头　　　　　B1:私はこの木で彼女に木のテーブルを
　　　做张木头桌子送给她。　　　　作ってあげます。

B2:我想用这块木头　　　　　B2:私はこの木で彼女に木のテーブルを
　　　做张木头的桌子送给她。　　　作ってあげます。

例2のように，材質としての「木」を，その用途について問うときは，「木头的桌子」で答えるほうが，「木头桌子」で答えるよりよい。

問いは「木」の用途を聞くのであるから，「的」が入ることによって，「木」の用途が重点化されるからである。

作られるのは「テーブル」であって，「椅子」などではないという気持ちを伝えることができる。もし，的を入れず，「木头桌子」と答えたとすれば，「桌子」は重点化されない。

日本語では「木のテーブル」となる。

[3]　「的」のまえに重点がある

　　　例3　A:这张桌子的材质是什么?　　　　A:このテーブルの材質は何ですか。

　　　　　B1:?木头桌子。　　　　　　　　B1:これは木のテーブルです。

　　　　　B2:　木头的(桌子)。　　　　　　B2:これは木のテーブルです。

　　例3のように,「テーブル」の材質を問う場合にも,「木头的桌子」を使う。その時の「的」は「木」の用途を重点化するわけではなく,「テーブル」の材質を重点化するのである。「木」であり,「プラスチック」などではないという意味を伝える。

　　日本語では,やはり「木のテーブル」となる。

[4]　中国語では,「的」が重点のあることを示す

　　以上に見るように,中国語では「的」によって重点化がなされると考えられる。[2]の「木头的桌子」では「桌子」が重点化されており,[3]の「木头的桌子」では「木头」が重点化されている。

　　重点化を表現する方法は中国語と日本語で異なっている。中国語では,「的」で表現する。重点化がない場合には「的」を使わない。「的」を使えば,文脈がなくても,「的」の前か後かを重点化している可能性がある。その可能性がはっきりするのは「言語」の段階,文脈である。つまり,「的」を使用するかどうかは,「言語」の段階で決まる。

[5]　日本語の「の」は重点のあることを示さない

　　日本語では,このような区別を「の」がすることはない。上のそれぞれの場合で,一様に「木のテーブル」となる。重点化が表現されるとすれば,それは,重点化部分の強い音調や,非重点化部分の省略など,「の」の使用・不使用とは別の方法になる。

[6]　文脈との関係

　　日本語の「木のテーブル」は3つの文脈で使えるが,中国語の「木头桌子」と「木头的桌子」は使える文脈が異なる。中国語の「N+的+N」の重点化の機能は文脈を離れても生きる,といえる。文脈の役割は,重点化されるのが前の「N」であるか,後ろの「N」であるかを決めることである。日本語の「N+の+N」の場合は,形式の上での重点化はない。「の」そのものは重点化の機能を持たないといえる。

[7]　表で示す

表1　「の」と「的」の対比　　……重点の有無

日本語	中国語		
N←の N 属性————格 「N+の+N」 重点の有無なし	N←N 属性————Ø 「N+N」 重点なし	N←的 N 属性————Ø 「N+的+N」 前のNに重点あり	N←的 N 属性————Ø 「N+的+N」 後のNに重点あり

この表1から分かるように，重点の有無という視点において，日本語の「Ｎ＋の＋Ｎ」は，中国語の「Ｎ＋的＋Ｎ」だけでなく，「Ｎ＋Ｎ」と対応する場合がある。それで，日本語の「Ｎ＋の＋Ｎ」と中国語の「Ｎ＋的＋Ｎ」は，1対1に対応するとはいえない。

中国語では，「的」があれば，その前か後の部分が重点化されるという原則があると考えられる。以下の例でも同様に考えられる。

「田中さん**の**服」……「田中衣服」と「田中**的**衣服」に対応。

「四川**の**料理」………「四川菜」と「四川**的**菜」に対応。

「火山**の**噴火」………「火山噴火」と「火山**的**噴火」に対応。

もちろん，中国語で「的」が必須の場合もある。が，それは本論文で扱う範囲を超えている。

5 まとめ……「の」と「的」の類似と相違

日本語の「Ｎ＋の＋Ｎ」と中国語の「Ｎ＋的＋Ｎ」を対照して，対応，非対応の場合を考察した。その結果，日本語の「の」と中国語の「的」は，基本的には同じであっても，異なる性質もあることが判明した。

類似点：

構造上にある2つの名詞をつなぐ。

相違点：

日本語の「の」：

1　概念③の段階で使用が決まる。

2　「の」そのものの存在は「Ｎ＋の＋Ｎ」の表現に必然的に存在するものであって，重点化とは関係がない。

中国語の「的」：

1　概念③の段階ではなく，そのあとの言語の段階で，使用・不使用が決まる。

2　「Ｎ＋的＋Ｎ」において，重点化されるのが前のＮであるのか，後ろのＮであるのかは，文脈が決定する。

3　2つのＮが同格関係である場合は，「的」でつなぐことができない。また，2つのＮが異なる範疇に属する場合も，つなぐことができない。

本論文では，客観世界での存在物を認知した後と，言語記号として言い出す前の前言語構造と，言語表現の諸段階において，日本語の「Ｎ＋の＋Ｎ」と中国語の「Ｎ＋的＋Ｎ」，「Ｎ＋Ｎ」について考察した。日本語の「の」と中国語の「的」についてのこの研究が，学習者の理解を深める一助となれば幸いに思う。

参考文献

今泉喜一（2003）『日本語構造伝達文法』（発展A）揺籃社

今泉喜一（2012）『日本語構造伝達文法』（改訂12年版）揺籃社

今泉喜一（2015）『日本語のしくみ(1)』揺籃社

大島資生（2010）『日本語連体修飾構造の研究』ひつじ書房

辛奕贏（2013）「認知言語学の観点から見た中国語"的"の意味変化と文法化」『大学院論文集』第10号（杏林大学）

Neisser（1976）*Cognitive Psychology*　Appleton-Century-Crofts

Treisman, A., & Gelade, G., (1980) " A feature integration theory of attention ". *Cognitive Psychology*, 12

完权（2016）《"的"的性质与功能"》商务印书馆

徐阳春（2006）《虚词"的"及其相关问题研究》社会科学出版社

赵艳芳（2000）《认知语言学概论》外海外语教育出版社

（斉魯工業大学外国語学院・辛奕贏）

研究者紹介　辛奕贏　Xin Yiyin

略歴：　1982年　中国遼寧省営口市生まれ
　　　　2009年　中国四川師範大学　修士（文学）
　　　　2014年　杏林大学　博士（学術）
　　　　2014年〜2020年　浙江工業大学外国語学院　講師
　　　　2018年〜2019年　杏林大学　ポスト・ドクター
　　　　2020年より　斉魯工業大学外国語学院　講師

日本語構造伝達文法との関わり：　日本語構造伝達文法は認知言語学の一部であると考えている。私の研究は主に認知言語学の方法に依拠しているので，人間が客観世界で事象を見たのちにそれを言語にする過程を認知プロセスとして考察している。日本語構造伝達文法の構造図は，脳内で，抽象的な概念が具体化して論理関係の中に存在することを表すモデルなので，これを参考にすれば，概念の記憶形式を明らかにできるのではないかと考えている。

今回の論文について：　連体修飾をする「の」の意味は，「の」そのものの意味ではなく，つながれる二つの名詞間にある論理関係の生じる意味である。中国語の「的」は「の」に似ているが，同じではない。「の」と「的」の類似点と相違点はどこにあるのか。それを明らかにするために，認知的な研究方法により考察した。

今後の研究予定：　引き続き認知という視点から，日本語の「の」と中国語の「的」二者のもつ意味を明らかにする。両者を個別に研究することも重要と考える。

メールアドレス：　yiying-xin@qq.com

コラムE7　　　　　　　　　　　　　　　　　　　　　　　　今泉喜一
文法ホームページの突然の消滅……更新

文法ホームページの突然の消滅

　日本語構造伝達文法のホームページが突然消滅した。サーバーの提供会社の都合によるものだが，ユーザーである私の方へは何の連絡もなかった。したがって，まったく突然のことだった。(しかるべきところには掲示があったようだが。)

　文法ホームページを見ていてくださる方からも連絡をいただいた。

　しかし，これは，ホームページを作り変える絶好の機会かもしれない。

新ホームページ
① すべての本の掲載

　　まず，これまで出した本を全部掲載して，読めるようにする。

　　このホームページの目的は，「日本語構造伝達文法」の理論の紹介である。旧ホームページでは，この目的のために，『日本語構造伝達文法』の本2冊と，大学院での，アニメーション活用のパワーポイント教材，並びに「不思議ノート」等を載せていた。

　　しかし，このよい機会に，これまでに出版したすべての著作を掲載し，サイトへの訪問者に読んでいただくことにする。いまの人は，すべてネットですませようとする傾向があるので，理論を知っていただくには，それが一番よいようである。中国語版，韓国語版も載せよう。

② 大学院教材をどうする？

　　旧ホームページに載せていた大学院の教材はどうしたらよいだろうか。載せれば，見てくださる方の理解の助けになるかも知れないから，やはり載せるべきか。載せる方向で検討するつもりである。

③ 研究会の案内

　　研究会は，月1回，八王子で開いているが，この案内は引き続き掲載するのがよいだろう。これまでも，この理論に関心を持ってくださった方が何人か，八王子という不便なところまでおいでくださった。

④ 日本語構造伝達文法の歌

　　これまで4曲の「日本語構造伝達文法の歌」を作詞・作曲して，『日本語のしくみ)』の (2)～(5) に楽譜を載せてきた。どんな歌か知りたいという声もあったので，素人ではあるが，私が歌うことにした。(へたなところは，ご愛嬌ということで，お許し願いたい。) 演奏のみのものも載せるつもりである。

　このホームページは2021年4月ごろには開始できるだろう。しかし，私自身が明日をも知れない年齢だから，今度はそれが理由で，突然なくなるだろう。

EⅦ論文

日本語構造伝達文法の中国語への適用
—兼語句—

蒋　家義

要　旨
　「兼語」とは同一の文において，ある動詞に対しては目的語として機能し，別の動詞に対しては主語として機能するという1つの名詞のことである。日本語構造伝達文法の構造図示法を使うと，そのことがわかりやすく示せる。本論文では，構造を図示しつつ，形式的には同一である「兼語」が，意味的には多様な様相を呈することを述べる。すなわち，兼語句(兼語文)を，意味的に4種類のものとして分類し，それぞれの兼語句について例を示して説明する。[1]使役・許容の兼語句，［2]心理の兼語句，［3]認定・呼称の兼語句，[4]描写・説明の兼語句。
キーワード：兼語, 兼語句, 構造, 格フレーム, 深層格

1　はじめに
　本稿は，「日本語構造伝達文法の中国語への適用」という研究の一環である。前稿「中国語の句の意味構造」(蒋2018)では，研究の目的，考察の対象，日本語構造伝達文法の基礎，主述句，述目句，結果述補句を論じた。前稿に続いて，本稿では，兼語句について述べる。
　本稿2節で，「兼語句」の名称について述べる。
　3節では，兼語句の例を4種類，例[1]～[4]として挙げる。

　　　　　[1]……使役・許容の兼語句
　　　　　[2]……心理の兼語句
　　　　　[3]……認定・呼称の兼語句
　　　　　[4]……描写・説明の兼語句

　4節で，この4種類について，1つずつ，それぞれの特徴を述べる。使用される動詞の特徴も挙げる。
　5節で，兼語句の意味構造を述べる。兼語句は形式上では同じでも，意味的には違いが大きい。[1]～[4]の意味について述べる。
　6節で，まとめる。

2 「兼語」という名称

　兼語の使用されている兼語句は，次のような形式の句である。
　　　形式1　"動詞性語句X＋名詞性語句B＋動詞性語句Y"
　　　形式2　"動詞性語句X＋名詞性語句B＋動詞性語句Y＋名詞性語句C",
　　　形式3　"動詞性語句X＋名詞性語句B＋形容詞性語句Y"
　　　　表1

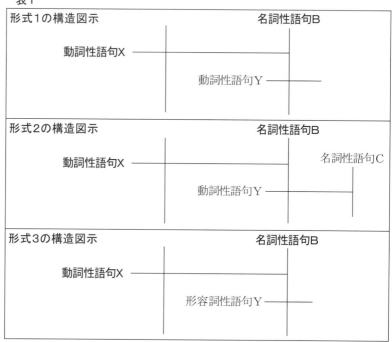

　形式1〜3の　"動詞性語句X＋名詞性語句B"の部分は，"述語＋目的語"の関係にある。
形式1，2の　"名詞性語句B＋動詞性語句Y"の部分と
形式3の　　　"名詞性語句B＋形容詞性語句Y"の部分は，"主語＋述語"の関係にある。
　　つまり，兼語句は，述目句と主述句で構成されている。
　　　　　述目句 …… "述語＋目的語"（"動詞性語句X＋**名詞性語句B**"）
　　　　　主述句 …… "主語＋述語"　（"**名詞性語句B**＋動詞性・形容詞性語句Y"）
　「兼語」というのは**名詞性語句B**のことである。
　名詞性語句Bは　"動詞性語句X＋名詞性語句B"においては**目的語**である。
　　　　　　　　　"名詞性語句B＋動詞性・形容詞性語句Y"においては**主語**である。
　　すなわち，**名詞性語句B**は，目的語と主語の2つの役割を兼ねており，ここから
「兼語」という名称を持つようになっている。

3　兼語句の例

　下例は，形式2に従う例であるが，"我们"，"你"，"他"，"人"が「兼語」である。
　兼語(名詞性語句B)は，兼語句を構成する**述目句の目的語**となっている。

　　　"叫＋我们"，"佩服＋你"，"选＋他"，"有＋人"

これが同時に**主述句の主語**を兼ねている。

　　　"我们＋写＋一篇作文"，"你＋有＋耐心"，"他＋当＋班长"，"人＋敲＋门"

表2　兼語句の例　　形式2での例

[1]　叫　　我们　　写　　一篇 作文　　(私たちに作文を書かせる)　　　**使役を表す**
　　　させる　私たち　書く　1篇 作文

　　　　　　　　　　　　　　　　　　　我们 (名詞性語句B)
　　　　　　　　　　　　　　　　　　　　　　　　　一篇作文 (名詞性語句C)
　　　　　　　叫
　　　(動詞性語句X)　　　　　　　　写
　　　　　　　　　　　　　　(動詞性語句Y)

[2]　佩服　　你　　有　　耐心　　(あなたの辛抱強さに感心する)　　　**心理を表す**
　　　感心する　あなた　持つ　辛抱

　　　　　　　　　　　　　　　　　　你 (名詞性語句B)
　　　　　　　　　　　　　　　　　　　　　　耐心 (名詞性語句C)
　　　　　　佩服
　　　(動詞性語句X)　　　　　　　有
　　　　　　　　　　　　　(動詞性語句Y)

[3]　选　　他　　当　　班长　　(彼を班長に選ぶ)　　　**認定を表す**
　　　選ぶ　彼　担当する　班長

　　　　　　　　　　　　　　　　　　他 (名詞性語句B)
　　　　　　　　　　　　　　　　　　　　班长 (名詞性語句C)
　　　　　　选
　　　(動詞性語句X)　　　　　　当
　　　　　　　　　　　(動詞性語句Y)

[4]　有　　人　　敲　　门　　(だれかがドアをたたいている)　　　**説明を表す**
　　　いる　人　たたく　ドア

　　　　　　　　　　　　　　　　　　人 (名詞性語句B)
　　　　　　　　　　　　　　　　　　　　门 (名詞性語句C)
　　　　　　有
　　　(動詞性語句X)　　　　　敲
　　　　　　　　　　(動詞性語句Y)

[1]～[4]は同じく兼語句であるが，意味は大きく異なる。

　　　[1]　使役を表す。……使役・許容の兼語句
　　　[2]　心理を表す。……心理の兼語句
　　　[3]　認定を表す。……認定・呼称の兼語句
　　　[4]　説明を表す。……描写・説明の兼語句

次にこの[1]〜[4]を1つずつ検討してみる。

4 兼語句4種類のそれぞれの特徴

4[1] 使役・許容の兼語句

使役・許容の兼語句では，名詞性語句B（兼語）のさす実体が動詞性語句Yの表す事態に関わることが引き起こされる。

[1] 1 動詞性語句X＋名詞性語句B＋動詞性語句Y＋名詞性語句C　　（形式2）

    a　促使　　　　他　　　改変　了　　主意
    　　促す　　　　彼　　　変える　た　　考え方　（彼の考え方を変えさせた）

[1] 2 動詞性語句X＋名詞性語句B＋動詞性語句Y　　（形式1）

    b　強迫　　　　帝王　　　退位
    　　強制する　　帝王　　　退位する　　（帝王に退位を無理強いする）

    c　批准　　　　他们　　　出国
    　　許可する　　彼ら　　　出国する　　（彼らが出国することを許可する）

この種の兼語句では，動詞性語句Xの中核となる動詞は，以下のような使役・許容の意味素性を持つものである（劉・潘・故2001:709，陸2006:418-419）。

表3　[1]　使役・許容の兼語句を作る動詞

"安排，组织"（手配する）	"逼，迫使，强迫"（強制する）
"促使"（促す）	"催，催促"（催促する）
"打发，派"（派遣する）	"答应"（承諾する）
"吩咐，招呼"（言いつける）	"供"（供する）
"鼓动"（奮い立たせる）	"鼓励"（励ます）
"号召"（呼びかける）	"叫，令，让，使，使得"（…させる）
"禁止"（禁止する）	"领导"（指導する）
"命令"（命じる）	"批准，许，允许，准，准许"（許可する）
"启发"（啓発する）	"请，请求，托"（頼む）
"劝，劝说"（説得する）	"容许"（許容する）
"怂恿"（唆す）	"委托"（依頼する）
"要，要求"（求める）	"邀请"（招く）
"引，引导"（導く）	"约"（誘う）
"召集"（召集する）	"指定"（指定する）
"指示"（指示する	"阻止"（阻止する）

4 [2]　心理の兼語句

　心理の兼語句では，名詞性語句Ｂのさす実体が動詞性・形容詞性語句Ｙの表す事態に関わることに対する，心の働きが述べられる。

　　[2] 1　動詞性語句Ｘ＋名詞性語句Ｂ＋形容詞性語句Ｙ　　　（形式3）

　　　　a　爱　　　　他　　　　聪明
　　　　　好きだ　　彼　　　　賢い　　　　　　　（彼は賢いところが好きだ）
　　　　b　怪　　　　他　　　　糊涂
　　　　　とがめる　彼　　　　間抜けだ　　　　（彼が間抜けだったことをとがめる）

　　[2] 2　動詞性語句Ｘ＋名詞性語句Ｂ＋動詞性語句Ｙ＋名詞性語句Ｃ　　（形式2）

　　　　c　称赞　　　他　　　有　　　爱心
　　　　　褒める　　彼　　　持つ　　思いやり　（彼が思いやりを持っていると褒める）

　この種の兼語句では，動詞性語句Ｘの中核となる動詞は，以下のような心理の意味素性を持つものである（劉・潘・故2001:710，陸2006:420）。

表4　[2]　心理の兼語句を作る動詞

“爱，喜欢”（好きだ）	“嘲笑，讥笑，笑话”（あざ笑う）
“称赞，夸，夸奖，赞扬”（褒める）	“烦，讨厌，嫌”（嫌いだ）
“怪，骂，责备，责怪”（とがめる）	“恨”（憎む），“埋怨”（恨む）
“佩服，钦佩”（感心する）	“羡慕”（羨む）
“欣赏”（よしと認める）	“原谅”（許す）

4 [3]　認定・呼称の兼語句

　認定・呼称の兼語句では，名詞性語句Ｂのさす実体が名詞性語句Ｃの表す職や地位に就いたり，ある名前や名称と呼ばれたりする。

　　[3] 1　動詞性語句Ｘ＋名詞性語句Ｂ＋動詞性語句Ｙ＋名詞性語句Ｃ　　（形式2）

　　　　a　选　　　　他　　　　做　　　　代表
　　　　　選ぶ　　　彼　　　　担当する　代表　　　　　（彼を代表に選ぶ）
　　　　b　拜　　　　王　先生　　为　　　师傅
　　　　　弟子入りする　王　先生　する　師匠　　　（王先生に弟子入りする）
　　　　c　称　　　　他　　　　为　　　“活　词典”
　　　　　呼ぶ　　　彼　　　　する　　生きている　辞典　（彼を生き字引と呼ぶ）

　動詞性語句Ｘの中核となる動詞は，下表(1)の認定の意味素性を持つものと，(2)の呼称の意味素性を持つものである（劉・潘・故2001:709，陸2006:419）。　そして，動詞性語句Ｙの中核となる動詞は，(3)の具体的な意味内容の希薄なものに限られる。

表5　[3]　認定・呼称の兼語句を作る動詞

(1)	“拜”（弟子入りする）	“认，认为”（認める）
	“推荐”（推薦する）	“推选，选，选举”（選ぶ）
(2)	“称，叫”（呼ぶ）	“骂”（罵る）
(3)	“当，做”（担当する）	“为”（…とする）など

4 [4]　描写・説明の兼語句

　描写・説明の兼語句（例：表2中の[4]，下例a,b,c）では，動詞"有"（ある/いる）を中核とする動詞性語句"有"は，名詞性語句Bのさす実体の存在を提示し，動詞性語句Yは，それについて描写・説明する。

　　[4] 1　動詞性語句X＋名詞性語句B＋動詞性語句Y＋名詞性語句C

```
a  有    人    落  下      一件 上衣
   いる  人    置き忘れる  1枚  上着      （だれかが上着を置き忘れた）

b  有    人    叫    你
   いる  人    呼ぶ  あなた              （だれかがあなたを呼んでいる）

c  有    个    诗人  叫    贾岛
   いる  1人   詩人  言う  賈島          （賈島と言う詩人がいた）
```

5　兼語句の意味構造

　[1]～[4]は同じ兼語句ではあっても意味的な違いは大きい。本節ではこの4種類の兼語句の意味構造について考えてみる。

　形式1～3に，主語として機能する「**名詞性語句A**」を加え，形式1'～形式3'とする。

形式1' "**名詞性語句A**＋動詞性語句X＋名詞性語句B＋動詞性語句Y"

形式2' "**名詞性語句A**＋動詞性語句X＋名詞性語句B＋動詞性語句Y＋名詞性語句C"

形式3' "**名詞性語句A**＋動詞性語句X＋名詞性語句B＋形容詞性語句Y"

　名詞性語句Aに対して兼語句(下線部)が全体で1つの述語として機能するものとして扱う。したがって，兼語句の意味構造を，兼語句を含む主述句として考察する。

表6　形式1'～形式3'の図

5 [1]　使役・許容の兼語句の意味構造

　まずは，使役・許容の兼語句を含む主述句……[主述句1]と表示する……を例として，使役・許容の兼語句の意味構造について考えてみる。

　以下においては，次のような表示法をとる。

　動詞性語句X，動詞性語句Yの表す事態　……　『X』，『Y』と表示。

　名詞性語句A～名詞性語句Cの表すものを　……　「A」，「B」，「C」と表示。

[主述句1]

〈文1〉　名詞性語句A＋動詞性語句X＋名詞性語句B＋動詞性語句Y＋名詞性語句C

〈文1例〉　学校　　　　　　派　　　　　我们　班　　参加　　　　演讲　比赛
　　　　　学校　　　　　派遣する　　　私たち　クラス　参加する　　スピーチ　コンテスト
　　　　　　　　　　　　　　　　　（学校が私たちのクラスをスピーチコンテストに参加させる）

　ここでは，「学校」(「A」)と，「我们　班」(「B」)が，それぞれ，事態「派」(『X』)に対して主体と客体として関わっている。

　動詞"派"は格フレーム"施事＋V＋受事（V＝二項他動詞）"を持っているので，名詞性語句"学校"と"我们班"の深層格は，それぞれ施事と受事となっている。

　　　　　　　　施事＝自発的な動作，行為，状態の主体である。

　　　　　　　　受事＝自発的な動作，行為に関わる客体である。

　一方，『参加』に「我们班」と「演讲比赛」がそれぞれ主体と客体として関わっている。動詞"参加"が格フレーム"施事＋V＋受事（V＝二項他動詞）"を持っているので，名詞性語句"我们班"と"演讲比赛"の深層格は，それぞれ施事と受事となっている。

　また，「我们班」が『参加』に関わることは，「学校」が『派』に関わることによって引き起こすので，「学校」は，客体として『参加』にも関わっている。『参加』に対する名詞性語句"学校"の深層格は，原因であると考えられる。

　　　　　　　　原因＝事態を引き起こす原因である。

　つまり，(文1例)は次のような意味構造を持っている。構造は下に図示する。

"施事「学校」－『派』－受事「我们班」；施事「我们班」－『参加』－受事「演讲比赛」－原因「学校」"

　　　　　（主体を『X』や『Y』の前に，客体を『X』や『Y』の後に配置する。）

図1　〈文2例〉の意味構造

"_{施事}「学校」－『派』－_{受事}「我们班」；_{施事}「我们班」－『参加』－_{受事}「演讲比赛」－_{原因}「学校」"
この〈文例1〉の意味構造は，本来無関係な①と②が合成されたものである。

　　　"①_{施事}「学校」－『派』－_{受事}「我们班」"
　　　"②_{施事}「我们班」－『参加』－_{受事}「演讲比赛」"

　過程Ⅰでは，②の「我们班」が『参加』に関わることを，①の「学校」が引き起こすので，「学校」が原因となる。Ⅱでは，①と②の「我们班」が1つに結合される。

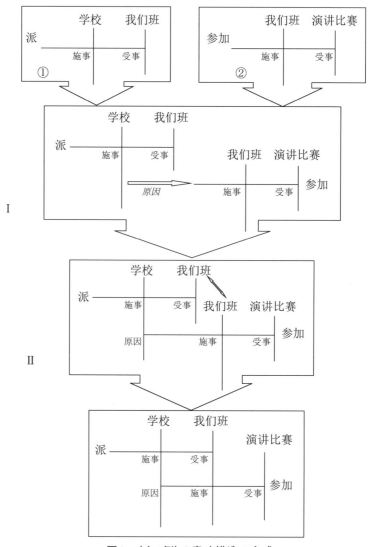

図2　〈文1例〉の意味構造の合成

以上により，〈文1〉のような使役・許容の兼語句を含む主述句の意味構造は，
　　　　“「Ａ」－『Ｘ』－「Ｂ」；「Ｂ」－『Ｙ』（－「Ｃ」）－_{原因}「Ａ」”
と整理できる（ここでは，動詞の格フレームによって変わる名詞性語句の深層格は示さない。また，『Ｙ』が客体を伴わないことがあるので，「Ｃ」に括弧をつけた）。

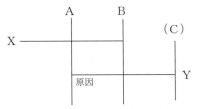

図3　使役・許容の兼語句（を含む主述句）の意味構造

　これは，そのまま使役・許容の兼語句そのものの意味構造となる。なぜならば，使役・許容の兼語句では，名詞性語句Ａが表に現れていないが，「Ａ」が『Ｘ』に関わっており，そして原因として『Ｙ』にも関わっているからである。

5［2］　心理の兼語句の意味構造

　次に主述句2を例として，心理の兼語句の意味構造について考えてみる。

［主述句2］

〈文2〉　名詞性語句Ａ＋動詞性語句Ｘ＋名詞性語句Ｂ＋動詞性語句Ｙ＋名詞性語句Ｃ

〈文2例〉　大家　　　夸奖　　　他　　　做　了　　　一件　好事
　　　　　みんな　　褒める　　彼　　　する　た　　1つ　よいこと
　　　　　　　　　　　　　　　　　　　（みんなが彼がよいことをしたと褒める）

　〈文2例〉では，『做』に「他」と「一件好事」がそれぞれ主体と客体として関わっている。動詞“做”が格フレーム“施事＋Ｖ＋受事（Ｖ＝二項他動詞）”を持っているので，名詞性語句“他”と“一件好事”の深層格は，それぞれ施事と受事となっている。

図4　〈文2例〉の意味構造

　一方，『夸奖』に「大家」と「他」がそれぞれ主体と客体として関わっている。
　動詞“夸奖”が格フレーム“施事＋Ｖ＋受事（Ｖ＝二項他動詞）”を持っているので，名詞性語句“大家”と“他”の深層格は，それぞれ施事と受事となっている。
　また，「大家」が『夸奖』に関わるわけは，「他」が何らかの褒められる事態（ここで

は『做（了一件好事）』に関わるからである。つまり，「大家」が『夸奖』に関わること
は，「他」が『做』に関わることで引き起こすのである。したがって，『夸奖』に対する名
詞性語句"他"の深層格は，受事だけでなく，原因でもあると考えられる。

　そこで，〈文2例〉は次の意味構造を持つ。

　　"施事「他」－『做』－受事「一件好事」－局面了；施事「大家」－『夸奖』－受事/原因「他」"

これは，次の2つが合成されたものである。「他」が同一なので，1つに結合される。

　　"①施事「他」－『做』－受事「一件好事」－局面了"

　　"②施事「大家」－『夸奖』－受事/原因「他」"

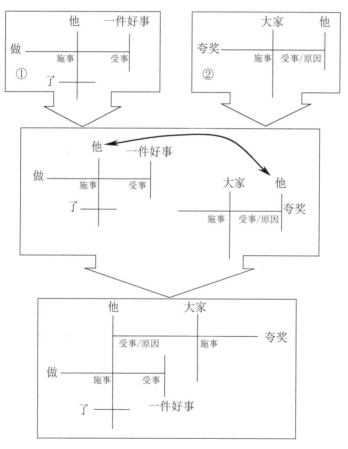

図5　〈文2例〉の意味構造の合成

　以上から，〈文2〉のような心理の兼語句を含む主述句の意味構造をこう整理する。

"「Ｂ」－『Ｙ』（－「Ｃ」）；「Ａ」－『Ｘ』－_{原因}「Ｂ」"

（この意味構造では，動詞や形容詞の格フレームによって変わる名詞性語句の深層格は示さない。また，『Ｙ』が客体を伴わないことがあるので，「Ｃ」に括弧をつけた。

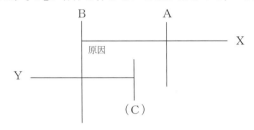

図6　心理の兼語句（を含む主述句）の意味構造

これは，そのまま心理の兼語句そのものの意味構造となる。心理の兼語句では，名詞性語句Ａが表に現れていないが，「Ａ」は『Ｘ』に関わる。

5 [3]　認定・呼称の兼語句の意味構造

次に主述句3を例として，心理の兼語句の意味構造について考えてみる。

[主述句3]

〈文3〉　名詞性語句Ａ＋動詞性語句Ｘ＋名詞性語句Ｂ＋動詞性語句Ｙ＋名詞性語句Ｃ

〈文3例〉　同学们　　　选　　　他　　　当　　　班长
級友たち　　　選ぶ　　　彼　　担当する　　学級委員
（級友たちが彼を学級委員に選ぶ）

〈文3例〉では，『选』に「同学们」と「他」がそれぞれ主体と客体として関わっている。動詞"选"は格フレーム"施事＋Ｖ＋受事または結果（Ｖ＝二項他動詞）"を持つので，ここでの名詞性語句"同学们"と"他"の深層格は，それぞれ施事と受事である。

結果＝生じたり，引き起こしたり，達成したりする結果である。

図7　〈文3例〉の意味構造

一方，動詞『当』に「他」と「班长」がそれぞれ主体と客体として関わっている。"当"が格フレーム"施事＋Ｖ＋系事（Ｖ＝二項自動詞）"を持っているので，名詞性語句"他"と"班长"の深層格は，それぞれ施事と系事となっている。

系事＝主体の類別，身分，役割である。

また，「他」が『当』に関わることは，「同学们」が『选』に関わることによって引き起

こされるので，「同学们」は，客体として『当』にも関わっている。名詞性語句"同学们"の『当』に対する深層格は，原因である。

このように考えると，〈文3例〉の意味構造はこのようになる。

"施事「同学们」—『选』—受事「他」；施事「他」—『当』—系事「班长」—原因「同学们」"

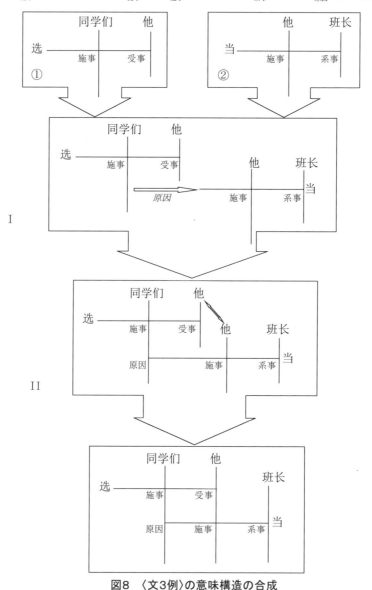

図8 〈文3例〉の意味構造の合成

この〈文3例〉の意味構造は，①と②が合成されたものである。

　　　　“①_{施事}「同学们」－『选』－_{受事}「他」”

　　　　“②_{施事}「他」－『当』－_{系事}「班长」”

　合成の過程Ⅰでは，②の「他」が『当』に関わることを，①の「同学们」が引き起こすので，「同学们」が原因として『当』に接するようになる。Ⅱでは，①と②の「他」が同一人物なので，1つに結合される。

　以上により，〈文3〉のような認定・呼称の兼語句を含む主述句の意味構造は，

　　　　“「A」－『X』－「B」；「B」－『Y』－「C」－_{原因}「A」”

と整理できる（ここでは，動詞の格フレームによって変わる名詞性語句の深層格は示さない。また，『Y』がしばしば客体を伴うので，「C」に括弧はつけない）。

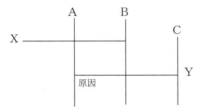

図9　認定・呼称の兼語句（を含む主述句）の意味構造

　これもそのまま認定・呼称の兼語句そのものの意味構造となる。認定・呼称の兼語句では，名詞性語句Aが表に現れていないが，「A」が『X』に関わっており，そして原因として『Y』にも関わっているからである。

5 [4]　描写・説明の兼語句の意味構造

　最後に，主述句4を例として，描写・説明の兼語句の意味構造について考えてみる。

[主述句4]

〈文4〉　名詞性語句A＋動詞性語句X＋名詞性語句B＋動詞性語句Y

〈文4例〉　　車间　　　　　有　　　　　人　　病　　　了
　　　　　　作業場　　　　いる　　　　人　　病気になる　た
　　　　　　　　　　　　　　　　　　　　　（作業場でだれかが病気になった）

　〈文4例〉では，動詞“有”が格フレーム“時間または処所＋Ｖ＋当事（Ｖ＝二項内動詞）”を持つので，名詞性語句“车间”と“人”の深層格は，処所と当事となっている。

　　　　　　　　　時間＝事態の起こる時点，或いは継続する期間である。

　　　　　　　　　処所＝事態の起こる場所，状況，及び経過域である。

　当事を付与される名詞性語句のさす実体は，時間や処所を付与される名詞性語句のさす実体よりも認識されやすい。〈文4例〉においては，“人”が当事を付与されるので，“车间”のさす実体は処所を付与される客体として，『有』に関わることになる。

　一方，『病』に対しては，「人」は主体として関わっている。動詞“病”が格フレーム“当事＋Ｖ（Ｖ＝一項内動詞）”を持つので，名詞性語句“人”の深層格は当事となる。

図10 〈文4例〉の意味構造

つまり，〈文4例〉は，次の意味構造を持っている。

"当事「人」－『有』－処所「車間」；当事「人」－『病』－局面了"

以上により，〈文4〉のような描写・説明の兼語句を含む主述句の意味構造は，

"当事「B」－『有』－時間・処所「A」；「B」－『Y』（－「C」）"

と整理することができる（この意味構造では，動詞の格フレームによって変わる名詞性語句の深層格は示さない。また，『Y』が客体を伴わないこともあるので，「C」に括弧をつけた）。

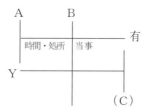

図11 描写・説明の兼語句（を含む主述句）の意味構造

これは，そのまま描写・説明の兼語句そのものの意味構造となる。描写・説明の兼語句では，名詞性語句Aが表に現れていないが，「A」が『有』に関わっているからである。

6 まとめ──4種類の兼語句の意味的な違い

以上，[1]使役・許容，[2]心理，[3]認定・呼称，[4]描写・説明の，4種類の兼語句を概観したうえで，それぞれの意味構造を見てきた。これらの内容は，表7のようにまとめられる。

「兼語句」という概念が提起されたのは，句の中の**名詞性語句Bが一般的に目的語と主語の2つの役割を兼ねている**と認識されたからである。

　　　前の述目句　"動詞性語句X＋名詞性語句B"の**目的語**

　　　後の主述句　"名詞性語句B＋動詞性・形容詞性語句Y"の**主語**

形式的な観点からは，[1]～[3]の兼語句は同じであるが，意味的な観点からは，動詞性語句Xの中核となる動詞の意味的性質によって，4種類に分けられる。それだ

けでなく，これら4種類の兼語句の間の違いも顕著である。

表7　兼語句の概観，意味構造および図示

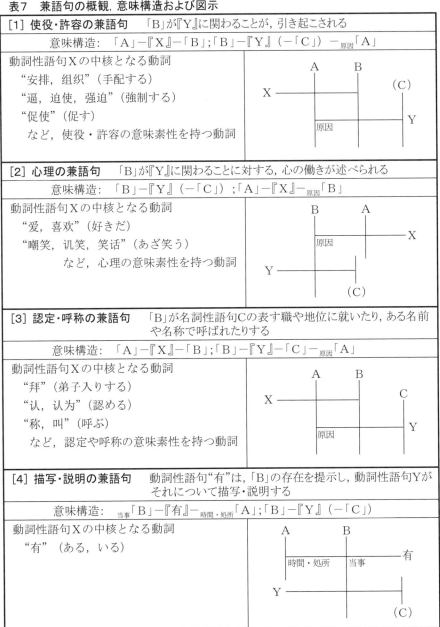

[1] 使役・許容の兼語句　　「B」が『Y』に関わることが，引き起こされる
意味構造：　「A」－『X』－「B」；「B」－『Y』（－「C」）－_{原因}「A」
動詞性語句Xの中核となる動詞 　　“安排，組織”（手配する） 　　“逼，迫使，強迫”（強制する） 　　“促使”（促す） 　　など，使役・許容の意味素性を持つ動詞

[2] 心理の兼語句　　「B」が『Y』に関わることに対する，心の働きが述べられる
意味構造：　「B」－『Y』（－「C」）；「A」－『X』－_{原因}「B」
動詞性語句Xの中核となる動詞 　　“愛，喜欢”（好きだ） 　　“嘲笑，讥笑，笑话”（あざ笑う） 　　など，心理の意味素性を持つ動詞

[3] 認定・呼称の兼語句　　「B」が名詞性語句Cの表す職や地位に就いたり，ある名前 や名称で呼ばれたりする
意味構造：　「A」－『X』－「B」；「B」－『Y』－「C」－_{原因}「A」
動詞性語句Xの中核となる動詞 　　“拜”（弟子入りする） 　　“认，认为”（認める） 　　“称，叫”（呼ぶ） 　　など，認定や呼称の意味素性を持つ動詞

[4] 描写・説明の兼語句　　動詞性語句“有”は，「B」の存在を提示し，動詞性語句Yが それについて描写・説明する
意味構造：　_{当事}「B」－『有』－_{時間・処所}「A」；「B」－『Y』（－「C」）
動詞性語句Xの中核となる動詞 　　“有”（ある，いる）

(1) 深層格

『X』に対する名詞性語句B（「兼語」）の深層格は，一様ではない。

[1] 使役・許容の兼語句と，[3] 認定・呼称の兼語句では一定ではない。

[2] 心理の兼語句では，Bの深層格（の1つ）は原因である。

[4] 描写・説明の兼語句では，Bの深層格は当事である。

(2) 因果関係

[1] 使役・許容の兼語句と，[3] 認定・呼称の兼語句では

「B」が『Y』に関わることは，「A」が『X』に関わることで引き起こされる。

つまり，『X』が『Y』の原因となる。『X』のほうが時間的に先行する。

[2] 心理の兼語句では逆に，

「A」が『X』に関わることは，「B」が『Y』に関わることで引き起こされる。

つまり，『Y』が『X』の原因となる。『Y』のほうが時間的に先行する。

(3) 動詞の制限

[1] 使役・許容の兼語句では動詞性語句Yに現れる動詞には特に制限はない。

[3] 認定・呼称の兼語句では動詞性語句Yに現れる動詞は制限がある。

"当，做"（担当する），"为"（…とする）などに限られている。

以上のように，一口に兼語句といっても，極めて異なる様相を呈している。これらの違いはいずれも，意味的なものである。「兼語句」という概念にまとめられたのは，形式のみに焦点が当てられたからであろう。

兼語句，とりわけ当該の4種類の兼語句の，より充全な解明にとっては，意味的な観点からの更なる検討が必要不可欠であろう。これは，今後の課題としておきたい。

主要参考文献

蒋家義（2018）「中国語の句の意味構造」今泉喜一・関口美緒・木村泰介・孫偉・
　　蒋家義 『日本語・中国語・印欧語—日本語構造伝達文法・発展D—』 揺籃社
刘月华，潘文娯，故韡（2001）《实用现代汉语语法（增订本）》商务印书馆
陆庆和（2006）《实用对外汉语教学语法》北京大学出版社

斉魯工業大学外国語学院

（所属先を変更した）

［研究者紹介］

『日本語・中国語・印欧語－日本語構造伝達文法D－』p.154 に記載されている。

EⅧ論文

中国語の「了」に対応する日本語表現

孫　偉

要　旨

　中国語の動態助詞"了"は完了あるいは実現を表すと解釈されている。しかし，実際には，これを日本語の「ル，タ，テイル，テイタ」が用いられるいずれの文にも訳すことができる。本研究では，構造研究法と対照研究法を用いて，両言語のテンス・アスペクトの構造を考えつつ，中国語の"了"と日本語の「ル，タ，テイル，テイタ」などの表現との対応関係を究明する。
キーワード："了"，テンス・アスペクト，構造，対応表現

0　はじめに
0.1　"了"に対応する日本語訳の多さ
　中国語の動態助詞"了"が用いられる文の日本語訳を観察すれば，その訳し方の多さに目が引かれる。たとえば，下に挙げた例のように，"了"は「ル，タ，テイル，テイタ」のみならず，「テシマウ」「テアル」などのような日本語表現にも訳すことができる。

(1)走到了这条街的中段，在一所更大的公馆的门前，弟兄两个<u>站住了</u>。／この街の中ほど，ひときわ豪壮な邸の門前まで来て，この兄弟は<u>足をとめた</u>。(巴金『家』)

(2)他们差不多每个星期日下午都要到哥哥的办公室。跟往常一样，他们也<u>买了</u>几本新书。／彼らはほとんど日曜日の午後には兄の事務室へ遊びに来るのだ。いつものように彼らは幾冊か新刊書を<u>買ってきている</u>。(同上)

(3)"我们学堂上个礼拜就放假了。说是经费缺少，所以早点放学，"琴回答道，她已经<u>放下了</u>饭碗。／「わたしたちの方は先週から休みよ。経費が足りないから早く休みにしたんですって」琴はもう茶碗を<u>おいていた</u>。(同上)

(4)"你总是嘴硬，我说不过你！"觉民笑了笑，就往前<u>走了</u>。／「またそんなことをいう。おまえのべらす口にはかなわんよ」覚民は笑ったふりをして<u>行ってしまった</u>。(同上)

(5)随随的大是个瞎子。据说他三岁上害了场大病，险些送了命，小棺材也<u>打下了</u>他又没死，单是把一双眼睛瞎了。／随随の父親は盲目である。なんでも三歳の時大病を患って危うく命を落とすところだったという。小さな棺桶まで<u>用意してあった</u>のだが結局助かり，そのかわり失明したとか。(史铁生『插队的故事』)

0.2 "了"の多種の役割

中国語では，"了"に関する研究が非常に多い。一般的には，"了"は過去の已然も過去と現在も区別しない已然を表すことができるとされている(房玉清1992，戴耀晶1997，李鉄根1999など)。また，"了"が，動作の開始から完了までの過程にある任意の一点に用いられる(劉月華ほか2001)という解釈もあり，中国語のパーフェクトは"了"によって表される(李吶・石毓智1994)という考え方もある。つまり，"了"はテンス・アスペクト範疇においては，多種の役割を果たすことができ，異なる文脈に用いられる"了"文が表す意味と構造も異なっているということである。

0.3 "了$_1$"，"了$_2$"，"了$_{1+2}$"

中国語の"了"は"了$_1$"と"了$_2$"に分けられている。"了$_1$"は動詞の後ろに付き，完了を表すものであるが，"了$_2$"は文末に用いられ，語気を表すものである。"了"が文末に用いられ動詞に付く場合，"了$_1$"と"了$_2$"の両方の機能を持つため，"了$_{1+2}$"と表示される。

0.4 日本語での研究

現代日本語のテンス・アスペクトとその標記については，金田一春彦(1950，1955)の研究からスタートし，奥田靖雄(1977)，高橋太郎(1985)や工藤真由美(1985)の研究を経て，工藤真由美(1995)にまとめられている。すなわち，「ル，タ，テイル，テイタ」は，それぞれ「完成相・非過去」「完成相・過去」「継続相・非過去」「継続相・過去」という基本的意味では尽きず，「パーフェクト・反復・習慣」という派生的意味をも持っている，ということである。

0.5 本研究は構造研究法に基づく

今泉喜一(2000)は，構造研究法（図形表示法）を創出し，日本語のアスペクトの深層構造を解明している。この研究方法は，理論上すべての言語に適用できる。本研究は，上述した中国語の"了"と日本語の「ル，タ，テイル，テイタ」などの意味・機能を対照的に解析しつつ，"了"およびそれに対応する日本語表現を考えてみる。

1 両言語のテンス・アスペクト構造

1.1 図による表示

今泉喜一(2000)の構造研究法にしたがって考えれば，中国語と日本語のテンス・アスペクトの時間的構造関係を図1のように表示することができる。

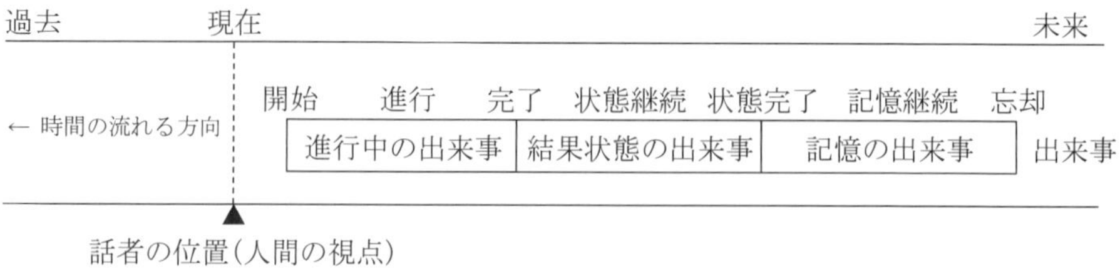

図1 テンスとアスペクトの位置関係

　時間の流れを川の流れに，出来事を舟にたとえることができる。出来事という舟が上流（未来）から下流（過去）に移動すると考えられる。話者が「現在」位置に立ち，出来事の全体あるいは一部が未来・現在・過去のいずれの時間に生起するかを見ることができる。この外部から出来事の発生時間（未来・現在・過去）を観察するときに得られる概念がテンスである。時間の流れの中で動いている一方，出来事自体も様々な様相を呈している。人間が出来事を表現するには，その出来事の開始から人間が完全に忘却するまでという過程が存在していると想定できる。この過程のなかで，出来事がどの段階に進んでいるのかを見ることができる。即ち，出来事の内部（動作開始・動作進行・・・結果記憶持続）を観察するとき，アスペクトの概念が得られる。

1.2　2桁数による表示

　話者がことばで出来事を表現するとき，この出来事を時間の流れの中に置いて描写する。このとき，出来事を丸ごと成立したものとして見ることもできるが，出来事のある局面を特定し，それに焦点を合わせて表現することが多い。この選択された局面は「アスペクト言及点」（今泉喜一2000：144）と呼ばれる。話者がいつも「現在」の位置に立って出来事の変化をことばで表現するため，話者の位置と選択された局面の間に一定の時間関係が生じることになる。この関係は下図のように数字で表せる。

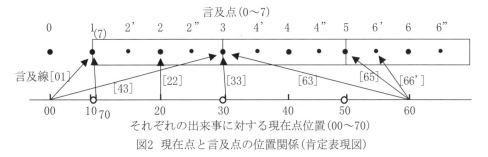

図2　現在点と言及点の位置関係（肯定表現図）

　図2では，現在点の位置（話者の位置）を2桁の数字で，話者が言及する位置——言及点を1桁の数字で表示している。この両者の合計数字はテンスとアスペクトの位置を示している。現在点と言及点を結ぶ線は「言及線」と呼び，［01］のような数字で表すことができる。つまり，［01］は話者の位置が00であり，言及点が1である，と意味している。たとえば，

　(6)明天，我去北京。／明日，北京に行く。［01］
　(7)昨天去学校了。／昨日，学校へ行っていた。［64］［65］

図3　（明天）去 ／ 行く

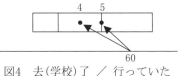

図4　去（学校）了 ／ 行っていた

2 基本的アスペクトの場合

中国語の"了"は主に過去の出来事を表す。それに対し，日本語では「ル」が動作の開始を表し，「テイル」が非過去の動作進行を表し，「テイタ」が過去の動作進行を表す(今泉喜一2000)。

2.1 過去の出来事

過去の時間領域においては，中国語の"了"は過去を表す時間の有無にかかわらず，出来事の完了を表す。日本語では過去の出来事は完了後の局面「タ」で表すこともできれば，「テイタ」で表すこともできる。

過去動作完了[43][53][63]

(8)余占鰲跳起来，<u>进了</u>静悄悄的村子。／余占鰲は跳び起きて，静まりかえった村へ<u>入った</u>。(莫言『红高粱』)

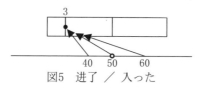

図5　进了 ／ 入った

過去動作進行・完了　　[42][52][62]・[43][53][63]

(9)我不敢走近她身边，我只好远远地站着看她。她那双水汪汪的眼睛把我<u>看了</u>好一会儿。／俺は近寄ろうとはしないで，遠くに立ったままで彼女を見ているより仕方がなかった。彼女の潤んだ眼がしばらく俺を<u>見つめていた</u>。(巴金『家』)

図6a　看了 ／ 見つめていた　　　　図6b　看了 ／ 見つめていた

例(8)は動作の過去の完了を表し，(9)は動作の過去の進行・進行完了を表す。(8)はもちろんだが，(9)の場合，進行の過去完了の出来事には，中国語では"了"が用いられ，日本語の「タ」「テイタ」と対応している。

過去結果状態継続[54][64]

(10)門の外の坂下に見える一軒の藁屋は<u>倒れていた</u>。瓦屋根の家は屋根瓦を<u>剥ぎ落されていた</u>。／门外坡下所见到的一座草房<u>倒塌了</u>。瓦顶的房子，屋顶上的瓦也<u>给揭下来了</u>。(井伏鱒二『黒い雨』)

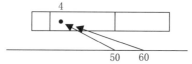

図7　倒れていた，倒塌了 ／ 剥ぎ落されていた，给揭下来了

(11)寝床はもう一組同一炬燵に<u>敷いてあった</u>が，旅僧はこれには来らず，横に枕を並べて，火の気のない臥床に寝た。／熏笼的另一头也<u>铺了</u>一套被褥，旅僧却没有过去，他和我并着枕头，睡在没有火气的被子里。(泉鏡花『高野聖』)

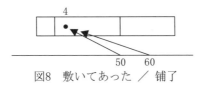

図8　敷いてあった　／　铺了

　日本語では，過去結果状態継続は(10)の「テイタ」と(11)の「テアッタ」によって表される。
　「テイタ」は結果としての状態継続に注目しているが，「テアッタ」は，誰かの意図により生じた状態の継続として場面を捉えている。
　それに対し，中国語は"了"が「テイタ」と「テアッタ」に対応している。本来，中国語の過去継続相は動態助詞"着"と過去を表す時間詞の併用によって表されるが，ここでは"着"と"了"の互換が行なわれている。
　中国語の"着"と"了"の互換使用には，次のような一定の制限がある。
　「静態存在文の中で"V了＝V着"のカギは，文中の動詞が動態意義と静態意義を持ち，動作と動作完了後の状態を表せる語彙的意味を持つものに限る」(任鷹2000：33)
　これにしたがって考えれば，(10)と(11)の動詞は動態意義と静態意義を持つ動詞であるため，"了"で状態継続[4]と，状態完了[5]と，記憶継続[6]を表すことができると考えられる。

過去結果状態完了[64][65]

(12)父亲现在趴在地方，那时候堆满了洁白的石条和石块，一堆堆粗粒黄沙堆在堤上，像一排排大坟。／父がいま伏せている場所には，あのときまっ白な石材や石塊が山のように積まれ，土手には大きな墳墓のような砂利や赤土の山が幾つも<u>並んでいた</u>。(莫言『红高粱』)

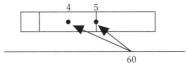

図9　堆满了　／　並んでいた

　「父がいま伏せている場所」には，過去のある状態が存続していたが，今はすでに存続していないため，過去の状態が消滅したと認識できる。状態の「完了」を特に意識すれば[65]としての把握となる。

過去結果記憶継続[66']

(13)しかし，それがいつ自分の体に飛び込んで来たか，彼女は知らなかった。気

付いた時，自分は克平を<u>愛していた</u>と思う。／但她并不知这爱情是何时闯进自己心头的。等觉察之时，早已<u>爱上了</u>克平。(井上靖『あした来る人』)

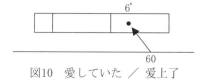

図10　愛していた ／ 爱上了

(13)は，話者が過去のある時点(「気づいた時」)に立ってその前に生起した出来事を回顧する，ということを述べている。この時の局面は[66']が示す過去結果記憶継続である。中国語の"了"は日本語の「テイタ」と対応して，この過去結果記憶の継続状態を表す。

2.2　非過去の出来事

現在動作完了[33]

(14)现在我们<u>上了</u>轨道！／いまおれたちは線路に<u>のった</u>！(浩然『金光大道』)

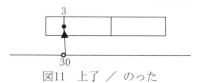

図11　上了 ／ のった

現在動作進行完了[33]

(15)"其实天天都想到要来，天天都来不成。今天实在忍不住了。章元元同志去世了！我刚刚<u>参加了</u>她的追悼会。"／「ほんとは毎日，来たい来たいと思っていたんだけど，来られなかった。きょうはどうにも我慢できなくて。章元元同志が亡くなったんだ。今まで追悼会に<u>出ていた</u>」。(戴厚英『人啊，人』)

図12　参加了 ／ 出ていた

現在動作(進行)完了の「現在」は一種の直近過去である(今泉喜一2012)ため，文法上では過去の完了と同様な表現方法をとることになる。つまり，中国語の"了"と日本語の「タ，テイタ」が対応して局面[33]を表すことになる。

現在結果状態継続[44]

(16)你不错，<u>读了</u>不少书。／たしかに君は立派なものだ。たくさん本を<u>読んでいる</u>からな。(阿城『棋王』)

(17)姐姐，也许报纸上都<u>写了</u>吧？／おねえちゃん，ひょっとしたら新聞に<u>書いてある</u>かも。(张海迪『轮椅上的梦』)

中国語の"了"は実現を表し，動作・行為・状態などを事実にさせる役割を果たす（侯学超 1998：381）。

　　　　図13　読了　／　読んでいる　　　　　　図14　写了　／　書いてある

　例(16)では，"了"の使用によって「読む」動作完了後に残存した状態を表す。日本語の「テイル」の中心的・一般的意味は「既然の結果が現在存在していること」「あることが実現して，それが終わってしまわず，その結果が何らかの形で現在に存在している(残っている)」（寺村秀夫1984：125-146）ということになる。中国語の"了"には，日本語の「テイル」だけでなく，状態のみを表す(17)の「テアル」も対応している。

現在結果状態完了[55]

　　(18)你剛剛<u>昏倒了</u>。／君は，さっき気を失って<u>倒れていた</u>。

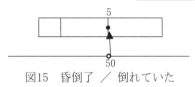

　　　　　　　　図15　昏倒了　／　倒れていた

　現在結果状態完了は，直近過去である。動態助詞"了"は，「倒れる」動作の発生から結果状態に変わり，そしてその結果状態が消滅した，ということを表す。つまり，現在結果状態完了は中国語の"了"と日本語の「テイタ」によって表される。

現在結果記憶継続[66]

　　(19)事件当日の夜，味見和三郎は修理を依頼されていた留守番電話をとりに，藤山家を<u>訪れている</u>。／在事件发生的当天晚上，味见和三郎由于接到需要维修留言电话的委托而<u>拜访了</u>藤山家。（テレビ朝日『時効警察　第二話』）

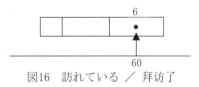

　　　　　　　　図16　訪れている　／　拜访了

　現在結果記憶継続は現在の脳裏に記憶されたものであり，話者が現在以前の動作あるいは状態に対する回想的な陳述である。それは「過去における完結相」の表示と機能的にはほとんど同じである。したがって，中国語では過去を表す時間詞または文脈と動態助詞"了"の組み合わせで表すことができ，日本語の「テイル」と対応している。

未来動作(進行)完了 [03] [13] [23]

(20) 你<u>忘了</u>他吧！(了₁) ／彼のことを<u>忘れよう</u>。

(21) 琴姐，明天你要<u>回去了</u>。(了₁₊₂) ／琴姐，明日はまたあなたが<u>帰って行ってしまう</u>でしょう。(巴金『家』)

図17　忘了　／　忘れよう　　　　図18　回去了　／　帰って行ってしまう

中国語の"了"は未来完了を表す文にも使用できる。

(20)のような命令や願望を表す文では，命令文と願望文自体が未然を表し(張斌2006：338)，中国語の動詞「忘」が完成性の動詞であるため，"了"が用いられている。

(21)には未来時間を示す中国語の時間名詞"明天"と時間副詞"要"が用いられ，"了"が語尾に用いられている。この時の"了"には，実現の意味を示す"了₁"と新しい状況が発生または出現の意味を示す"了₂"が含まれている(侯学超1998：382)ため，"了"文は未来完了を表すことができる。

つまり，(21)のような未来を示す時間詞が存在する文では，話者が"了"を使って出来事の未来完了を表すことができる。それに対して，日本語では「タ」と「テイタ」は過去の時間を表すため，未来の文に用いることができない。その代わりに，動詞の意志形「忘れよう」で意味的に表し，あるいは補助動詞「てしまう」などの表現で未来完了を表す。

未来結果状態継続 [04] [14] [24] [34]

(22) 明天下午3点，我在车站入口等你。我穿着蓝色西服，手里<u>拿着</u>一个红包。／明日の午後3時，駅の入り口で待っている。私は紺色のスーツを着て，手に赤いカバンを<u>持っている</u>。

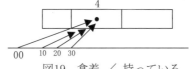

図19　拿着　／　持っている

過去と現在の結果状態継続と異なり，未来結果状態継続は想像上の局面であり，動作はまだ実際に完了していない。そのため，中国語の"着"と"了"の互換はできず，"了"で未来結果状態継続を表すことができない。それに対し，日本語では「テイル」で未来結果状態継続を表すことができる。

未来結果状態完了 [05] [15] [25] [35] [45]

(23) 下个月，花就<u>开完了</u>。／来月，花は<u>咲き終わってしまう</u>。

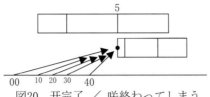

図20　开完了 ／ 咲終わってしまう

　中国語では，"了"は(20)(21)のような未来完了を表すことができるが，(22)のような未来状態継続を表すことができない。また，状態の完了を表すには補助動詞"完"を用いる必要がある。(23)では，"花"は"开着"（咲いている）の状態から"开完"（咲き終わる）の状態消滅に変わるという過程を経ているため，完成の意味を表す補助動詞"完"と動態助詞"了"の結び付いた"完了"で未来の結果状態完了を表すことになる。

未来結果記憶[06][16][26][36][46][56]

　　(24)到明天下午婚礼结束，我总共穿4次和服。

　　　　／明日の午後結婚式が終わるまで，私は４回着物を<u>着ている</u>。

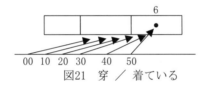

図21　穿 ／ 着ている

　中国語では"了"で未来記憶継続を表すことができないが，日本語では「テイル」をもってそれを表すことができる。

3　派生的アスペクトと開始（後）の局面

　派生的アスペクトは基本的アスペクトの局面から派生したものであり，反復，単純状態，経験，パーフェクトという局面が含まれる。

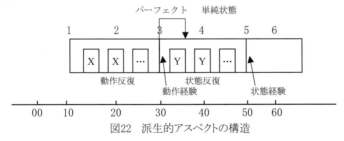

図22　派生的アスペクトの構造

3.1　反復

　動作の反復は図22にある複数の動作Xが完全停止まで繰り返されることであり，この繰り返される複数のXを一つの局面2としてとらえた概念である。

中国語の反復のアスペクトについては，李宇明は，次のように定義し，反復を表す言語手段を語彙手段と語法手段に分けている。

「反復は一定の言語手段を用いて，一種あるいは多種の動作の反復進行，一種あるいは多種の現象の反復出現を表す語彙範疇である」(李宇明2002：210)

語彙手段は，"三回""何回"のような語彙の意味によって表されるものであり，語法手段は，"V啊V啊""V₁了(又)V₂"のような各種動詞の重複使用の形式によって表される。

動作や状態の反復は必ず一定の時間内に行われるため，その時間や頻度を表す要素が必要になる。非過去あるいは過去の時間が示されていれば，動態助詞"零"と"着"および副詞"正在"が動作と状態の反復を表すことができる。動態助詞"了"は，時間の完結性を表す機能を持つため，それだけでは反復を表すことができない。ただし，以下のような使い方がある。

(25)廊下の突き当りにある電話口で，大貫八千代は，驚いた時の癖で，少し大仰な調子で，「あら」を二つ三つ重ねて口から<u>出していた</u>。／走廊尽头处的电话机旁，大贯八千代以不无夸张的语气，一连<u>说了三个</u>"哎哟"。(あした来る人)

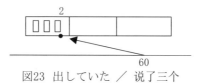

図23　出していた　／　说了三个

日本語では，数量を表す「二つ三つ」と「テイタ」の併用で反復の意味を表している。中国語では，"了"の後に動作の回数が示される言葉が用いられ，"说了三个"のように，"三个"という語彙の意味によって反複を表している。

(26)君どうだ，今夜の送別会に大に飲んだあと，赤シャツと野田を撲ってやらないかと面白半分に勧めてみたら，山嵐はそうだなと<u>考えていた</u>が，今夜はまあよそうと云った。／"老兄，怎么样？今晚欢送会上大喝一顿之后，把红衬衫和帮腔佬揍一顿吧？"我半开玩笑地怂恿他。野猪一听，说："好啊。"但他<u>想了一想</u>又说："今晚就算了吧！"(夏目漱石『坊っちゃん』)

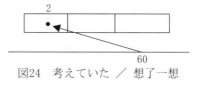

図24　考えていた　／　想了一想

(27)赤シャツはおれらの行為を弁解しながら控所を一人ごとに<u>廻ってあるいていた</u>。／红衬衫为我们的行动辩解，到休息室的每个人面前<u>走了一圈</u>。(同上)

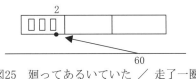

図25　廻ってあるいていた ／ 走了一圏

　(26)の日本語では「テイタ」のみが用いられ，(27)の日本語では「一人ごとに」と「テイタ」が併用されている。それに対し，中国語では，それぞれ"想了一想"と"走了一圏"に訳されている。つまり，中国語の"了"は必ず反復の意味を表す数量詞などのことばと一緒に用いなければならない。

　一つの動作の反復は，複数の同様な動作が繰り返して進行するという構造になる。つまり，反復される出来事は，時間軸上に一定の間隔を置いて並ぶ多数の同じ出来事の集合である。その出来事の集合を一つの全体としてとらえれば，ある程度の長さをもつことになる。したがって，日本語では，出来事を非完結相で捉えることが可能となり，「テイル」によって表すことができる。このようなことは，状態の反復についても同様にいえる。

　(28)暁燕的脸紅了又白，白了又红。／暁燕の顔は，<u>あかくなったと思うと，白くなり，またふたたびあかくなっていた。</u>（杨沫『青春之歌』）

図26　紅了又白，白了又红 ／ あかくなったと思うと，白くなり，またふたたびあかくなっていた

　一方，日本語の反復相は「テイル」だけでなく「ル」で表すこともできる（工藤真由美1995）。

　(29)（明日から）毎日，学校へ<u>行っている</u>。

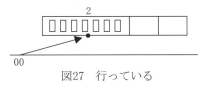

図27　行っている

　(30)（明日から）毎日，学校へ<u>行く</u>。

図28　行く

　上例のように，「反復される出来事」の一つは，特別の条件がなければ一回で終了するが，「毎日」などの反復を意味する副詞を伴うことによって，反復されることが示されるような出来事がある。この種の出来事では，「反復」という意味が明示的に現れており，反復は不特定の時間にわたって継続するものであるため，その開始点あるいは終結点は不明確でもよい。つまり，この種の反復出来事は，ある意味で状態動詞の意味する出来事に近い性質をもっている。そのため，「ル」によって表すことができる。もう一つは，「通う」，「勤める」などの動詞によって表示される，本質的になんらかの行為の反復を内在させている出来事である。この場合には，「反復」という意味は明示的ではない。そのため，継続動詞と同様に，「ル」で「未来継続」を表し，「テイル」で「現在継続」を表す。

　「テイル」と「ル」の違いは，「テイル」が一時的・偶発的な出来事を表す傾向があるのに対し，「ル」がより本質・恒常的な出来事を表すのに適しているということである。

　(31)「それで，いまやそうやっていて，いったいどうして食っているのだで？」
　　　　「どうして食っているかって？へ，へ。このビルマの国では，坊主になってさえいれば食うにはこまらない。」（竹山道雄『ビルマの竪琴』）

図29a　食っている　　　　　　　図29b　食っている

　さらに，次のような法則的な記述では，「テイル」は用いられず，もっぱら「ル」が用いられる。

　(32)「へい，もうすっかり冬支度です。雪の後でお天気になる前の晩は，特別冷えます。
　　　　今夜はこれでもう氷点を下さっておりますでしょうね。」（川端康成『雪国』）

図30　冷えます

　「ル」が反復性を表せるのは，動的な意味を捨て，属性的・背景的な意味に踏み込んでいるからである。

3.2　経験

　経験のアスペクトは結果状態継続から派生したものである（吉川武時1973：192）。いわゆる経験は，話者が図22の40あるいは60に位置して，その前に生起した出来事を観察・表現することである。注目されているのは過去に生起した丸ごとの動作あるいは

作用であり，出来事完了後の局面には関係しないのである。したがって，経験を表す文には「現在」のようなことばが用いられないのみならず，動作や作用を表さない動詞も経験を表すことができない(藤井正1966：105-107)。このようなことは，中国語の経験相についても同様に言える。

　中国語の経験相の標記は，一般的には動態助詞"过"であると認識されている。経験相は完結相の一種であり，現実相と同じように，経験相は外部から時間過程中の出来事構成を観察し，出来事の分解できない完全的な性質を反映している(戴耀晶1997：57)。つまり，経験相は，話者が40の現在位置に立って1〜3の過程を丸ごとにとらえる，もしくは60の現在位置に立って3〜5の過程を丸ごとにとらえる，ということである。

(33)我们的副总理差不多都出去过，副委员长好多都<u>出去过</u>。／われわれの副総理はほとんど外国を訪れているが，副委員長もかなり多くの者が<u>出かけている</u>。(『邓小平文选第二卷』)(現在動作経験)

図31　出去过 ／ 出かけている

(34)九月の中ごろに出発するということは，アルさんか三沢の口から<u>聞いていた</u>が杏子は，「さあ，まだ，何とも―」と，そんな風に答えた。／从乙醇或三泽口里，<u>听到过</u>大约九月中旬出发。但杏子嘴上回答道："这――，还什么都没有……"。(石川達三『青春の蹉跌』)(過去動作経験)

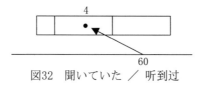

図32　聞いていた ／ 听到过

(35)岸本家は，孤峯庵の檀家であった。名誉総代にもなっていたから，和尚がこうして奥の間にさっさと通っても不思議ではないのだが，折から，枕元に坐っていた弟子たちの中で，病人の口もとを水綿でしめらせていた兄弟子の笹井南窓が，ちょっと気に病んだ。／岸本家是孤峰庵的施主，而且还<u>当过</u>施主家的名誉代表，因此，和尚这样无所顾忌地出入家门并不奇怪。这时坐在南岳枕头旁边的弟子们中间，大弟子笹井南窗正用沾水的绵球擦病人的嘴角，脸色忧虑，那表情令人感到不祥之兆。(水上勉『雁の寺』)(過去状態経験)

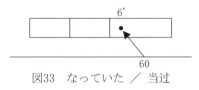

図33　なっていた ／ 当过

　日本語の「テイル，テイタ」に対しては，中国語の文では"过"が用いられている。これらの"过"を"了"に変えれば，「完了」の意味になってしまう。"过"が動詞の後ろに用いられた場合には主に動作の完了と過去にこのような出来事があったということを表す(呂叔湘1999：246-247)ため，中国語の動態助詞"过"が経験を表すアスペクト標記であり，"了"が経験を表さない，と認識すべきである。

3.3　単純状態

　単純状態の構造は図22の局面4にあたる。いわゆる単純状態は，主語と述語との結びつきが「主体と動作」あるいは「主体と変化」とのむすびつきをあらわさなくなって，「もち主と状態」というむすびつき(奥田靖雄1978)のある構造，すなわち，形容詞文的な構造の中で「テイル」が使われるという条件の限定がある。その動詞が表すのは，先行する動作の「結果の状態」ではなく，それらをまったく問題にしない単純な状態である。日本語では，過去の単純状態は「テイタ」，非過去の単純状態は「テイル」によって表される。

　また，中国語にも日本語にも，あたかも動作過程を持たないような動詞がある。例えば，"耸立"(聳える)の動作は，過程はあるが，人間には見ることができない。"死"(死ぬ)の動作も過程があるが，瞬間に終わってしまうため，ほとんどないに等しい。この動作過程を無視してもいいような，よく状態で現れる局面を単純状態という。当然，話者が単純に状態の局面に注目し，それ以外の局面に全く関心をよせないときもある。このときの状態も単純状態の部類に入る。単純状態を表す中国語の標記は，動作性動詞あるいは状態性動詞の後ろに用いられる"着"であるが，"着"の代わりに"了"を用いて("着"と"了"が互換できる場合)表現することもできる。その用法は結果状態持続を表す場合と同様であるが，未来の単純状態を表すには，"了"が用いにくい。

(36)明天你到単位找我吧。我穿一身西服，带着一副眼镜。／明日，会社に来て，私とあってください。私はスーツを着ており，眼鏡をかけている。(動作動詞・未来単純状態)

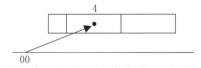

図34　穿，着ており ／ 带着，かけている

(37)我们俩一人穿了件红色的衣服，一人穿了件白色的衣服。／私たち二人，一人

は赤の服を<u>着ており</u>，一人は白の服を<u>着ている</u>。（『北京大学CCL語料庫』）
（動作動詞・現在単純状態）

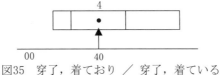

図35　穿了，着ており　／　穿了，着ている

(38) 她興奮得脸也红了，嘴唇哆嗦着，眼里也<u>充满了</u>泪光。／夢中で話す彼女は頬
を紅潮させ，唇を震わせ，目にいっぱい涙を<u>ためている</u>。（冰心『关于女
人』）（状態動詞・現在単純状態）

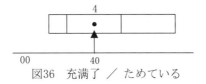

図36　充满了　／　ためている

(39) 那时候，斉威王已经<u>死了</u>。／あのとき，斉威王はすでに<u>死んでいた</u>。（『北京
大学CCL語料庫』）（瞬間動詞・過去単純状態）

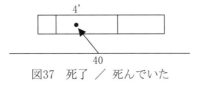

図37　死了　／　死んでいた

(40) 我那时<u>当了</u>饲养员，喂牛。／当時私は牛の飼育係を<u>していた</u>。（史铁生『插队
的故事』）（状態動詞・過去単純状態）

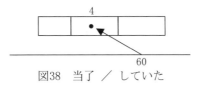

図38　当了　／　していた

　以上の例のように，単純状態は，①状態の期限をまったく制限しないか，制限する
必要がない，それゆえ，②先行動作がない，あるいは，先行動作がまったく問題にさ
れないか，問題にできない，というコンテクト的条件を備えている必要があると考え
られる。

3.4　パーフェクト

3.4.1　"了"と「テイル」が表すパーフェクト

　パーフェクトの機能は，状態と叙述の時間を関連させることにあり，叙述中のある
一点の情景に関わる背景評論を導入することにある（李訥・石毓智1994：119-120）。

これを構造的に考えれば，パーフェクトは言及点3が言及点4にかかわる局面(図22)にあたる。中国語の"了"はパーフェクトを表すと考えられている。それは「"了"の基本的交際機能は一種の『目前相関状態』を表すことであり，つまり，"了"は現在時間において一つの出来事が某特定の『参照時間』と特定の関連を持つということを表す」(李吶・石毓智1994：121)からである。

日本語のシテイルの基本的意味は変化の結果の継続と動きの継続であり，派生的意味はペルフェクト(パーフェクト)，反復・習慣，単なる状態である (副島健作2007：132)。シテイルを用いてパーフェクトを表す場合には，①発話時点，出来事時点とは異なる<設定時点>が常にあること，②設定時点にたいして出来事時点が先行することが表されていて，テンス的要素としての<先行性>を含んでいること，③運動自体の<完成性>とともに，その運動が実現した後の<効力>も複合的に捉えるというアスペクト的要素を持っていること，という三つの点を平等に強調されなければならない。(工藤真由美1995：99)

(41)この手紙が貴方の手に落ちる頃には，私はもうこの世にはいないでしょう。とくに<u>死んでいる</u>でしょう。／这封信落在你手里的时候，大概我已经离开这个世界，早就<u>死了</u>吧。(夏目漱石『坊ちゃん』)(未来パーフェクト)

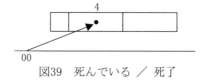

図39　死んでいる ／ 死了

日本語では，設定時点は「この世にはいない」によって表され，出来事時点は「死んでいる」によって表される。両出来事はともに未来時間にあり，出来事時点は設定時点に先行して，「死ぬ」出来事の結果は「この世にはいない」である。そのため，(41)の「テイル」が未来パーフェクトを表していると考えられる。中国語においては，"死了"は未来の出来事であるが，前文の出来事と一種の因果関係を持っているため，"了"は「テイル」と同様な働きをし，未来パーフェクトを表している。

(42)師範は制服をつけているが，中学は式後大抵は日本服に<u>着換えている</u>から，敵味方はすぐわかる。／师范的学生穿着制服；中学学生在仪式结束后大都<u>换了</u>民族服装，所以敌我双方一看就明白。(同上)(現在パーフェクト)

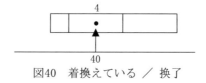

図40　着換えている ／ 換了

過去に終わった動作"換了"は，現在の"明白"の原因となっており，出来事時点である"換了"の動作時間は，設定時点に先行しているため，中国語の"了"は日本語の「テ

イル」と対応して現在のパーフェクトを表していることになる。

(43)「会っている？だれだい？」／“早都見过了？哪个？”（井上靖『あした来る人』）（現在パーフェクト）

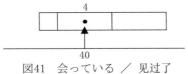

図41　会っている ／ 見过了

　中国語の“了”を用いてパーフェクトを表す場合，“过＋了”の形で現れるときもある。このような場合，それを“(Ｖ＋过)＋了”と見なすことができる（竟成1993：54）。すなわち，パーフェクトを表すのは“过”ではなく，“了”であるということである。

(44)天亮，等姑母醒来时，林道静已经烧好了开水和洗脸水。／夜が明けて，おばさんが目をさましたときには，道静はもうお湯をわかし，顔を洗うお湯の用意をしていた。（杨沫『青春之歌』）

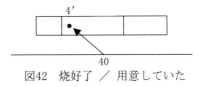

図42　烧好了 ／ 用意していた

　設定時“姑母醒来”の前に，“烧好开水和洗脸水”という動作がすでに完了した。出来事は設定時より前に起こり，動作は完了したという特徴を持っているので，このような“了”の用法はパーフェクトの用法である。さらに，中国語では完了を強調するために，“已经”などの副詞を使うこともある。ここでは“了”を使うことによって，“烧好开水和洗脸水”を“开水和洗脸水现在可以用了”に結びつけている。つまり，中国語の“了”は日本語の「テイタ」と対応している。

3.4.2　「タ」と“了”が表すパーフェクト

　日本語では，「タ」は出来事の過去完了を表すが，現在パーフェクトを表すこともできる。工藤真由美（1995：130-131）は，「タ」の現在パーフェクトを表す特徴を以下のように説明している。

　　＜現在パーフェクト＞のシタ形式は，＜日常会話＞で，頻繁に使用されるものである。次のように，波線部分で示した「これからのこと」を話し手が問題とする時，過去（発話時以前）に成立した運動の結果・効力こそが問題となってくる。過去の運動の結果・効力が存続しているがゆえに，それに基づいて，これらの行動が可能となるのである。発話主体は，現在との生きたつながりにおいて過去の出来事を把握している。話し手が，実践主体としてあるとすれば，未来につながる現在の状況に直接的に関係づけられた過去の出来事こそが，最重要であろう。

- 「先生，邦枝さんから速達のお手紙が届きました。これで最後なのですから，どうぞ読んで差上げて下さい」
- 「金がはいった。これから銀行に金を受け取りに行こうと思うが，おまえも来ないか。いろいろと買いたいものもあるだろうから」

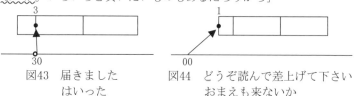

図43　届きました　　　　　図44　どうぞ読んで差上げて下さい
　　　　はいった　　　　　　　　　　おまえも来ないか

　つまり，「＜パーフェクト相現在＞は，他の出来事との時間関係は無視して，現在と関わって重要な出来事を，＜孤立的に＞抜き出して取り上げる」（工藤真由美1995：132），のである。

　上述の二例を中国語に訳せば，以下のようになる。

　(45) 老师，邦枝发来的快递信件到了。这是最后一封信，请您给看看吧。

　(46) 钱入账了。我想现在就去银行取钱，你也去吗？你是不是有想买的东西？

　中国語の“了”は基本的アスペクトを表す場合には，日本語の「タ」と対応して「完了」を表す。この「完了」した局面が，ある出来事が達成した直後の段階にあり，なおかつ現在（これから）の出来事に効力・影響を与える機能を持っていれば，「現在パーフェクト」も表すということになる。つまり，(45)と(46)の“了”は，出来事の過去完了を表すのではなく，出来事が達成後の段階にあると認識し，それにともなう後続の出来事に視点を置く意味（後続出来事への効力・影響）を表す，ということである。

3.5 「タ」と“了”が表す開始（後）の局面

　日本語の「タ」は開始（後）の局面（図2局面77）を表すことができる（今泉喜一2012）。中国語の“了”については，劉月華ほか（2001：363）は「動作動詞の後ろでは，“了”が動作の開始から完了までの過程にある任意の一点に用いられる。しかし，“了”が注目しているのは動作の発生だけである。動作の持続や完成などの意味は文脈，言語環境によって提供されるものである」と解釈している。

　(47) 说着又伸手来抓。我赶快躲开，跑了。刚跑了两步，我想，干么不问问他何叔叔的住处呢？于是又站了下来。／そういいながら，また手を伸ばしてきた。私はさっとよけて，逃げた。だけど，二，三歩逃げたところで，この人に何さんの家をきけばいいと思いついて，立ち止まった。（戴厚英『人啊，人』）

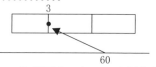

図45a　跑了　／　逃げた　　　　　図45b　跑了两步　／　二，三歩逃げた
　　　　　　　　　　　　　　　　　　　　　站了下来　／　立ち止った

　動作動詞"跑"(逃げる)が表す出来事は，ほかの動詞と同様に動作の出来事，状態の出来事，記憶の出来事という３つの出来事に分けて考えることができる。上述のように，基本的アスペクトと派生的アスペクトにおいては，中国語の"了"は日本語の「タ，テイル，テイタ」と対応して言及点３以後の局面を表すことができる。しかし，(47)においては，"跑"(逃げる)の出来事は動作の出来事に限られ，進行内の局面のみを表している。この動作は，"跑"(逃げる)(開始前)→"跑了"(逃げた)(開始直後)→"正在跑"(逃げている)(進行中)→"跑了両歩"(二，三歩逃げた)(一旦停止)→"站了下来"(立ち止まった)(完了)，という過程を持つ。このような動作の前後過程と進行内出来事の構造で考えれば，中国語の"了"は日本語の「タ」と対応して開始(後)[77](図45a)の局面を表すことができると言える。

4　おわりに
　中国語の"了"と日本語表現との対応関係は，次のページ(p.124)に示した表１のようにまとめることができる。その表で表していることは、次のようなことである。
4.1　基本的アスペクト
　中国語の"了"は開始と進行の局面を表さないため，完了(局面３)以後の局面を表すことになる。ただし，未来結果状態完了を表す場合，完了の意味を表す副詞"完"と併用して，"完了"のかたちで表すことになる。
　それに対し，日本語では，「タ，テイタ，テシマウ」で完了の局面を表し，「テイル，テイタ，テアル，テアッタ」で継続の局面を表す。
4.2　派生的アスペクト
　中国語の"了"は動詞・数量詞と併用することで反復を表すことができるが，経験相を表すことができない(中国語の経験相は"過"によって表される)。そして，"了"は，過去と現在の単純状態を表すが，未来の単純状態を表さず，パーフェクトを表すことができる。
　それに対し，日本語では，存在しない未来経験を除き，「タ，テイタ」で発話時以前のアスペクトを表し，「ル，テイル」で発話時以後のアスペクトを表す。
4.3　開始直後
　開始(後)の局面は動作の出来事に限られ，中国語の"了"と日本語の「タ」が対応して表す。

　孫偉さんの「研究者紹介」は『日本語構造伝達文法・発展D』の p.70 にある。

表1 中国語の"了"とその日本語対応表現

アスペクト		過去		現在		未来	
	テンス						
基本的アスペクト	動作開始	×	×(補助動詞)	×	ル	×	ル
	動作進行	×	テイタ	×	テイル	×	テイル
	動作完了	了	タ、テイタ	了	タ、テイタ	了	テシマウ
	結果状態持続	了	テイタ、テアッタ	了	テイル、テアル	×	テイル
	結果記憶完了	了	テイタ	了	テイタ	完＋了	テシマウ
	結果記憶持続	了	テイタ	了	テイル	×	テイル
派生的アスペクト	反復	動詞・数量詞・"了"の結合	タ、テイタ	動詞・数量詞・"了"の結合	ル、テイル	動詞・数量詞・"了"の結合	ル、テイル
	経験	×	テイタ	×	テイル	×	テイル
	単純状態	了	テイタ	了	テイル	了	テイル
	パーフェクト	了	テイタ	了	タ、テイル	了	テイル
	開始直後	了	タ		タ		

（×：中国語の"了"または日本語の「ル、タ、テイル、テイタ」以外の標記で表す。空欄：局面が存在しない。）

参考文献

日本語

今泉喜一（2000）『日本語構造伝達文法』揺籃社

今泉喜一（2012）『日本語構造伝達文法［改訂12］』揺籃社

奥田靖雄（1977）「アスペクトの研究をめぐって－金田一的段階－」『宮城教育大学国語国文8』：51-63

奥田靖雄（1978）「アスペクトの研究をめぐって（上・下）」『教育国語』第53，54号

金田一春彦（1950）「国語動詞の一分類」（金田一春彦(1976)に収録，5-26）

金田一春彦（1955）「日本語動詞のテンスとアスペクト」（金田一春彦(1976)に収録，27-62）

金田一春彦（1976）『日本語動詞のアスペクト』むぎ書房

工藤真由美（1985）「ノ，コトの使い分けと動詞の種類」『国文学解釈と鑑賞』50巻3号：45-53

工藤真由美（1995）『アスペクト・テンス体系とテクスト』ひつじ書房

高橋太郎（1985）『現代日本語動詞のアスペクトとテンス』秀英出版

寺村秀夫（1984）『日本語のシンタクスと意味1』くろしお出版

藤井正（1966）「『動詞＋ている』の意味」国語研究室』5（金田一春彦(1976)に収録，97-116）

吉川武時（1973）「現代日本語動詞のアスペクトの研究」『日本語動詞のアスペクト』金田一春彦（1976)に収録，155-327

副島健作（2007）『日本語のアスペクト体系の研究』ひつじ書房

中国語

戴耀晶（1997）『現代漢語時体系統研究』浙江教育出版社

房玉清（1992）『実用漢語語法』北京語言文化大学出版社

侯学超（1998）『現代漢語虚詞詞典』北京大学出版社

李吶・石毓智（1994）「論漢語体標記誕生的機制」『中国語文』第2期：82-96

李鉄根（1999）『現代漢語時制研究』遼寧大学出版社

張斌（2001）『現代漢語虚詞詞典』商務印書館

李宇明（2002）「論“反復”」『中国語文』第3期：210-216

任鷹（2000）「静態存在句中“V了”等于“V着”現象解析」『世界漢語教学』第1期：28-34

竟成（1993）「関于動態助詞“了”的語法意義問題」『語文研究』第1期：52-57

劉月華ほか（2001）『実用現代漢語語法』商務印書館

呂叔湘（1999）『現代漢語八百詞(増訂本)』商務印書館

使用例文

徐一平ほか（2003）『中日対照語料庫CD版』北京日本学研究中心

　　　　　　　　　　　　　　　　　　　　　　　今泉喜一

「日本語構造伝達文法」の著作 ５＋6

「日本語構造伝達文法」は現在，以下に記すように，5冊の入門書と，(本書を含む) 6冊の研究書を出している。

[入門書]

① 『日本語のしくみ(1)－日本語構造伝達文法Ｓ－』 2015
構造の基本・複主体/複主語・態

② 『日本語のしくみ(2)－日本語構造伝達文法Ｔ－』 2016
テンス/アスペクト・絶対/相対時

③ 『日本語のしくみ(3)－日本語構造伝達文法Ｕ－』 2017
形容詞(構造・複主語・否定・時間)

④ 『日本語のしくみ(4)－日本語構造伝達文法Ｖ－』 2019
テ形音便・古語時相・動詞態拡張

⑤ 『日本語のしくみ(5)－日本語構造伝達文法Ｗ－』 2020
構造形成力・格・の・実体分類

[研究書]

① 『日本語構造伝達文法』 2000 (2005, 2012)
構造の基本を扱う。(構造・態・アスペクト・テンス・複主語・否定等)

② 『日本語構造伝達文法　発展Ａ』 2003
構造の基本を扱う。(主/を格・テ/タ・従文・修飾法・構造練習帳 等)

③ 『日本語態構造の研究－日本語構造伝達文法・発展Ｂ－』 2009
態を扱う。(原因/許容態・許容態の語幹化・態拡張24方式 等)

④ 『主語と時相と活用と－日本語構造伝達文法・発展Ｃ－』 2014
主語・時相・活用を扱う。(二重主語・うなぎ文・接続・時相・発話等)

⑤ 『日本語・中国語・印欧語－日本語構造伝達文法・発展Ｄ－』 2018
(語順〈印欧語〉・格表示・歩く/走る・無・語法アスペクト・4つの句)

本書⑥ 『日本語・中国語・モンゴル語－日本語構造伝達文法・発展Ｅ－』 2021
(国語学への提言・の/相対時・未・感覚動詞/知覚動詞・モ日の主格/
対格表現・の/的・兼語句・「了」の日本語表現・粤語麻垌方言)

EIX論文

粵語麻垌方言の前置詞
—動詞と比較して—

陶　天龍

要　旨

　本稿は，粵語麻垌方言（麻垌粵語）の前置詞と動詞を日本語構造伝達文法のモデルに適用し，分析したところ，前置詞に見られるいくつかの制限—（イ）述語か述語の主要部になれないこと，（ロ）後置副詞を後続させることができないこと，（ハ）重複できないこと，（ニ）アスペクト助詞を後続させることができないこと，（ホ）前置詞のあとの実体詞の文頭への移動・削除・主要部への転換ができないこと—は，構造の必須要素（実体〈=主体，客体〉・属性・前置詞〈=格〉）のどれかが欠落していることが原因だとわかった。ただし，文頭への移動（主題化）については，なぜ，有形の前置詞は文頭へ移動できないのか，また，∅ の前置詞でも，位置（主語・目的語など）や深層格（動作主・対象など）によって，移動の自由度が異なるかどうか，現時点では不明であり，更なる分析が必要だと考える。
キーワード：粵語麻垌方言，麻垌粵語，動詞，前置詞

1　麻垌方言の概説

1.1　粵語

　粵語は中国語の主要方言群の1つであり，広州市と香港の2大都市を擁する広東省朱江デルタ地方から西へ偏り，西江およびその上流域（尋江や郁江）を主軸として広東省西南部と広西壮族自治区に広がる方言群である（清水 1988）。広東語は，粵語と呼ぶ人もいるが，あくまでも粵語の1つの方言であり，同じものではない。

　中国語方言学では，ある大方言群をさらにいくつか類似している小方言群に分類し，これを「片」と呼ぶ。「中国語言地図集（第2版）」（中国社会科学院語言研究所他編 2012）では，粵語が，広府片・四邑片・高陽片・呉化片・勾漏片・邕潯片・欽廉片の7つの小方言群に分けられている。

1.2　麻垌方言

　麻垌（ma^{22}toŋ^{22}）方言は，広西壮族自治区桂平市麻垌鎮で話されている方言であり，粵語勾漏片に分類されている。以下では，この方言を「麻垌粵語」と呼ぶ。麻垌鎮は，行政的に 27 の村からなり，それぞれの村では細かい方言差が見られるが，本稿では，麻垌村の麻垌方言を調査対象とする。なお，話者は 1996 年生まれの女性である。

　なお，本稿で扱う方言データはすべて音声記号で記述し，声調を五度声調表記法（Chao 1930）を用いて，音声記号の右上に表記する。麻垌粵語には，7 つの声調があ

り，それぞれ，高平調（55）・中平調（33）・低平調（22）・高下降調（53）・低下降調（32）・上昇調（35）・起伏調（313）である。

　なお，中国語学では，方言の発音を一般的に中国歴史音韻学の手法で分析し，-p, -t, -k で終わる入声の声調を，それで終わらない平声の声調とは別に分析することが多い。麻垌粤語の入声声調は5つあり，それぞれ高平調（55）・中平調（33）・低平調（22）・高下降調（53）・低下降調（32）であるが，本稿では，中国歴史音韻学の手法を用いず，入声の声調はいずれも上述した7つの声調に含まれているため，入声の声調をこれらの7つの声調とは別に分析しない。

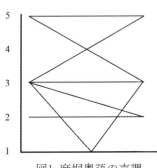

高平調「四」[θi⁵⁵]
中平調「苦」[wu³³]
低平調「地」[ti²²]
高下降調「九」[kɐu⁵³]
低下降調「五」[ŋ̩³²]
上昇調「書」[ɕy³⁵]
起伏調「門」[mun³¹³]

図1 麻垌粤語の声調

例文については，以下のように記述する。

(1) 麻垌粤語漢字表記：　　　我□啱□畢佢。　　　（□：漢字がないことを示す。）
　　麻垌粤語音声記号：　　　ŋɔ³² ŋɛk⁵⁵-ŋan³⁵ kut⁵⁵ pɐt²² ky³¹³.
　　逐語訳（中国語）：　　　我　　剛剛　　　打　完　他/她/它
　　逐語訳（日本語）：　　　私　さっき　　殴る 完了 3人称単数。
　　意味(日本語/中国語)：　　「私はさっき彼を殴った。／我剛剛打了他。」

　　※「逐語訳(中国語)」の行はあくまでも，麻垌粤語の各形態素が対応している標準中国語の形態素を示すだけで，各形態素を連続で読んでも，正しい標準中国語になるとは限らない。

　中国語諸方言の発音は漢字で書き表せることが多いが，そもそも漢字が存在しない発音もある。中国語諸方言の研究においては，□で表して，その横に音声記号を付けることが普通である。本稿では，漢字が存在しない発音に対して，「麻垌粤語漢字表記」の行では，□のみ記し，「麻垌粤語音声記号」の行では，発音記号で示す。

2　研究目的

2.1 方言データを使う意義

　近年，中国語諸方言の記述が盛んになっているが，その多くは，音声の記述に留まり，文法の記述が相対的に少ない。また，梁（2018）は広西大学に提出された修士論文であり，麻垌粤語の梁村と鎮中心の方言が記述されているが，やはり，音声が大半

を占め，文法記述が十分とは言えない。そのため，本稿で，標準中国語のデータを使わず，方言データを使うのは極めて有意義だと考えられる。

2.2 日本語構造伝達文法のモデル使用

　また，本稿の目的は，方言記述に留まらず，今泉(2000，2003，2009，2014)で提唱されている日本語構造伝達文法のモデルで，いくつかの言語現象を解明することである。

　以下の節で詳しく説明するが，中国語諸方言の前置詞（介詞）と動詞は，同じ形態素（漢字）が使われる場合もあり，その区別がしばしば問題となる。ただし，同じ形態素が使われるにもかかわらず，その深層構造が異なるため，日本語構造伝達文法のモデルを使うと，その構造の違いが一目瞭然である。また，張編（2010）では，前置詞は動詞に対して，いくつかの制限があると述べられているが，なぜそのような制限があるかについては言及されていない。しかし，これも日本語構造伝達文法のモデルで解明できる。

2.3 本稿の目的

　まとめると，本稿の目的は以下の通りである。

(2) 　（イ） 麻垌粤語の深層格を記述することと，表層格を標示する前置詞を記述すること。

　（ロ） 麻垌粤語における動詞と前置詞の構造の違いを日本語構造伝達文法のモデルで説明すること。

　（ハ） 張編（2010）で述べられている標準中国語において，動詞にはないが，前置詞にはある制限を，麻垌粤語のデータを用いて，日本語構造伝達文法のモデルで説明すること。

3 フィルモアの格文法

　日本語では，1つの格助詞に複数の意味があることがよく知られている。たとえば，「が」という格助詞は，「太郎が花子を殴った」という文においては，動作主を表し，「太郎は花子が好きだ」という文においては，対象を表す。C. Fillmore はこのような問題を解決するために，意味論的に定義された「深層構造格」(deep structure case)を導入し，表層に現れる文法格と区別することを試みた（Fillmore 1966a, 1966b, 1968, 1970, 1971 など）。

　日本語の例で言えば，「が」のような格助詞は表層に現れる文法格に相当し，「動作主」や「対象」は深層構造格に相当する。

　ただし，中国語では，表層格を表す要素は格助詞ではなく，接置詞（前置詞と後置詞），特にそのうちの前置詞である。その違いについては，次節で詳しく述べる。

　次節から，麻垌粤語を記述する際に，前置詞を表層格と呼び，「動作主」や「対象」などの意味役割を深層格と呼ぶことがある。

4 格形態・格接辞・接置詞・格助詞

4.1 格の表示法

　インド・ヨーロッパ語族の多くの言語は，格が語形変化によって示されることが多い。この場合，格は以下の2種類の方法で表されることが多い。1つは，格と，格で標示される語が融合的になり，各形態素を切り分けることが難しい格形態で表され（3），もう1つは，格と，格で標示される語を切り分けることができる接辞で表される場合がある（4）。

(3)　格形態【英語】

me

1人称単数.対格/与格

「私を／私に」

(4)　格接辞【ラテン語】

homin-em

人−単数.対格

「人を」

　ただし，（4）のラテン語では，名詞語幹に付く接辞 -em は対格という格を標示するだけでなく，単数という数の情報も標示する。

　以上で示された例における格は，格で表示されうる語類（英語におけるごく一部の代名詞，ラテン語における名詞と形容詞）に対して，義務的に標示される要素である。言い換えれば，（3）と（4）では，格の情報が欠けている形態は表すことができない。

4.2 接置詞

　一方，接置詞は，形態統語的に自立性があり，一部の言語では，接置詞残留（adposition stranding）や，接置詞が名詞のように並列することが見られる。

(5)　前置詞残留【英語】

[Which city]ᵢ do you live in [tᵢ]?

（劉編　2006：290）

(6)　後置詞並列【ハンガリー語】

az	előadas	alatt	és	után.
冠詞	報告	〜の間に	と	〜のあとに

「報告する間と報告した後」

（顧・龔　1989：160，日本語の逐語訳と意味は筆者による）

　また，接置詞が格形態・格接辞を要求し，共に現れるような言語もある。

(7)　【ロシア語】

Ona	zhivyot	u	babushk-i.
3人称.女性.単数.主格	暮らす.3人称.単数.現在	前置詞	祖母−生格

「彼女は祖母のところで暮らしている。」

(7) のロシア語の例では，前置詞 u が生格を要求し，「誰々のところで」という意味になる。

4.3 日本語の格助詞

一方，日本語における格助詞は，形態統語的に自立した点では，接置詞と類似している。Kuno（1978）などでは，「が」「を」「は」以外の助詞は，後置詞とも呼ばれている。一方，格助詞はそれ自体で格を表すことができ，さらに名詞に格形態・格接辞を要求することはない。

さらに，日本語の格助詞は，音韻的に自立しておらず（たとえば，アクセントの高低がそれ自体で決まらず），常に前の語や句に付着するので，ほかの言語に見られる接置詞残留や，接置詞並列の現象などは見られない。

4.4 文法化の傾斜

また，Hopper & Traugott（2003）では，以下のような文法化の傾斜（cline of grammaticality）を提唱している。

(8)　内容語（content word）　>　機能語（grammatical word）　>　接語（clitic）>　屈折接辞（inflection affix）

（Hopper & Traugott 2003：7）

接置詞は（8）の機能語に相当し，音韻的な自立性を失った形式（格助詞）は接語であり，さらに，形態統語的な自立性を失うと，格接辞（屈折接辞）になる。つまり，格助詞は，接置詞が格接辞に文法化していく中間段階の形式とも捉えられる。

5　麻堝粵語の表層格—接置詞

5.1 前置詞は動詞から，後置詞は方位名詞から

麻堝粵語は多くの中国語諸方言と同じように，表層格は接置詞で表すことが一般的である。中国語諸方言においては，前置詞と後置詞の由来が異なり，前置詞はすべて動詞（内容語）に由来し，多くは動詞の特徴が残っている。一方，後置詞の多くは方位名詞（内容語）より由来し，一部は名詞の特徴が残っている（劉 2003）。

これは麻堝粵語にも当てはまる。

(9)　【前置詞】　　　（動詞「畀」が前置詞に変化。）
　　　佢煮飯<u>畀</u>我喫。

ky^{313}	$tɕy^{53}$	fan^{22}	pi^{53}	$ŋɔ^{32}$	$hɛk^{33}$.
他/她/它	煮	饭	给	我	吃
3人称単数	煮る	ご飯	受益者	1人称単数	食べる

　　　「彼は私にご飯を作ってくれた。／他做饭给我吃。」
　　　（動詞:「畀」与える→前置詞:受益者）

(10)【後置詞】　　　（方位名詞「上」が後置詞に変化。）

桌上有書。

tɕœɐk⁵³　　ʃaŋ²²　jɐu³²　ɕy³⁵.

桌子　　　上　　有　　書

机　　　　上に　ある　本

「机の上に本がある。／桌子上有书。」

　　（名詞：上→後置詞：上に）

5.2 本稿は前置詞のみを扱う

　本稿では，麻垌粵語の接置詞のうち，前置詞のみについて考察する。以下では，麻垌粵語の前置詞を深層格で分類し記述する。

5.3 主語，目的語のあり方

　まず，(11)(12)自動詞主語，(13)(14)他動詞主語，(13)(14)他動詞目的語，(15)複他動詞直接目的語，(15)複他動詞間接目的語について考察する。

　なお，動作主以外の主語をまとめて非動作主と呼び，被動者以外の目的語を非被動者と呼ぶ。

(11)【自動詞主語-動作主】∅

[∅ (動作主) 佢]行畢了。

ky³¹³　　　ʔɛŋ³¹³　　pɐt²²　　lɐu³².

他/她/它　　走　　　完　　了

3人称単数　行く　完了　完了

「彼が行った。／他走了。」

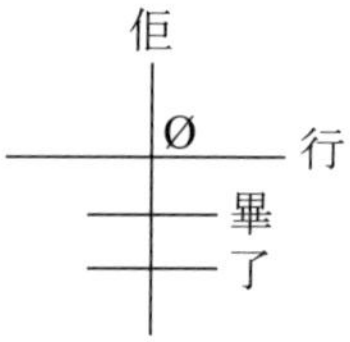

図11 佢行畢了

(12)【自動詞主語-非動作主】∅

[∅ (非動作主) 佢]死畢了。

ky³¹³　　　θi⁵³　　　pɐt²²　　lɐu³².

他/她/它　　死　　　完　　了

3人称単数　死ぬ　完了　完了

「彼が死んだ。／他死了。」

図12 佢死畢了

(13)【他動詞主語-動作主】∅，【他動詞目的語-被動者】∅

[∅ (動作主) 佢]□[∅ (被動者) 我]。

ky³¹³　　　　kut⁵⁵　　ŋɔ³².

他/她/它　　打　　我

3人称単数　殴る　1人称単数

「彼が私を殴った。／他打我。」

図13 佢□我

(14)【他動詞主語–非動作主】∅，【他動詞目的語–非被動者】∅

[∅ (非動作主) 佢]識[∅ (非被動者) 日語]。

ky³¹³　　ʃɛk⁵⁵　　　ɲɐt²²-ɲy⁵³.

他/她/它　懂　　　日语

3人称単数　わかる　　日本語

「彼は日本語がわかる。／他懂日语。」

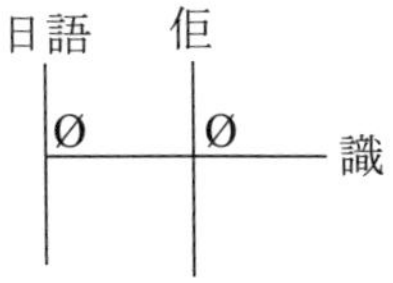

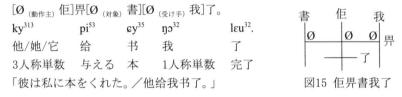

図14　佢識日語

(15)【複他動詞直接目的語–対象】∅，【複他動詞間接目的語–受け手】∅

[∅ (動作主) 佢]畀[∅ (対象) 書][∅ (受け手) 我]了。

ky³¹³　　　　pi⁵³　　　ɕy³⁵　　ŋɔ³²　　　leu³².

他/她/它　给　　书　　我　　　了

3人称単数　与える　本　　1人称単数　完了

「彼は私に本をくれた。／他给我书了。」

図15　佢畀書我了

5.4 主語・(直接)目的語・間接目的語の格を示す前置詞は∅で示す

　以上の (11)–(15) からわかるように，主語が動作主かどうか，目的語が被動者かどうかにかかわらず，主語・(直接) 目的語・間接目的語は，いずれも何も標示されない。ここでは，∅の前置詞を主語・(直接) 目的語・間接目的語の前につけ，深層格を表す。

5.5 他の深層格

　また，他の深層格は以下のようになる。

(16)【複他動詞間接目的語–受け手】前置詞 畀［pi⁵³］

[∅ (動作主) 佢]送[∅ (対象) 一本書][畀 (受け手) 我]。

ky³¹³　　θoŋ⁵⁵　ʔa³³ pun⁵³ ɕy³⁵　pi⁵³　ŋɔ³².

他/她/它　送　一　本　书　给　我

3人称単数　送る　一　冊　本　受け手 1人称単数　　図16　佢送一本書畀我

「彼は私に本を一冊送ってくれた。／他送给我一本书。」

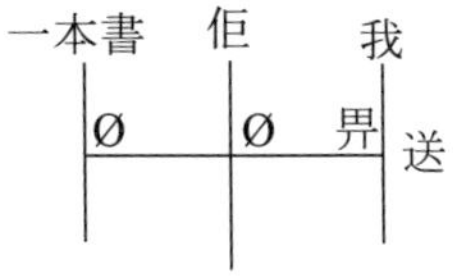

(17)【受益者】前置詞 畀［pi⁵³］(=(9)の再掲)

佢煮飯畀我喫 (=[∅ (動作主) 佢]煮[∅ (対象) 飯][畀 (受益者) 我]+[∅ (動作主) 我]喫[∅ (被動者) 飯])。

ky³¹³　　tɕy⁵³ fan²²　pi⁵³　　ŋɔ³²　　hɛk³³.

他/她/它　煮　饭　　给　　我　　吃

3人称単数　煮る　ご飯　受益者 1人称単数　食べる

「彼は私にご飯を作ってくれた。／他做饭给我吃。」

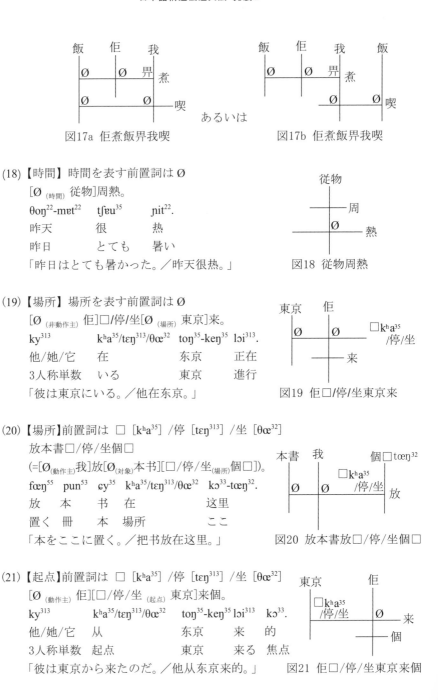

図17a 佢煮飯畀我喫　　　あるいは　　　図17b 佢煮飯畀我喫

(18)【時間】時間を表す前置詞は Ø
　　　[Ø (時間) 従物]周熱。
　　　θoŋ²²-mɐt²²　tʃɐu³⁵　　ɲit²².
　　　昨天　　　　很　　　熱
　　　昨日　　　　とても　暑い
　　　「昨日はとても暑かった。／昨天很熱。」

従物
図18 従物周熱

(19)【場所】場所を表す前置詞は Ø
　　　[Ø (非動作主) 佢]□/停/坐[Ø (場所) 東京]来。
　　　ky³¹³　　　kʰa³⁵/tɛŋ³¹³/θœ³²　toŋ³⁵-keŋ³⁵　lɔi³¹³.
　　　他/她/它　在　　　　　　　　東京　　　　正在
　　　3人称単数　いる　　　　　　東京　　　　進行
　　　「彼は東京にいる。／他在东京。」

図19 佢□/停/坐東京来

(20)【場所】前置詞は □ [kʰa³⁵] /停 [tɛŋ³¹³] /坐 [θœ³²]
　　　放本書□/停/坐個□
　　　(=[Ø (動作主) 我]放[Ø (対象) 本書][□/停/坐 (場所) 個□])。
　　　fœn⁵⁵　pun⁵³　ɐy³⁵　kʰa³⁵/tɛŋ³¹³/θœ³²　kɔ³³-tœn³².
　　　放　　　本　　書　在　　　　　　　　　這里
　　　置く　　冊　　本　場所　　　　　　　　ここ
　　　「本をここに置く。／把书放在这里。」

図20 放本書放□/停/坐個□

(21)【起点】前置詞は □ [kʰa³⁵] /停 [tɛŋ³¹³] /坐 [θœ³²]
　　　[Ø (動作主) 佢][□/停/坐 (起点) 東京]来個。
　　　ky³¹³　　　kʰa³⁵/tɛŋ³¹³/θœ³²　toŋ³⁵-keŋ³⁵　lɔi³¹³　kɔ³³.
　　　他/她/它　从　　　　　　　　東京　　　　来　　　的
　　　3人称単数　起点　　　　　　東京　　　　来る　焦点
　　　「彼は東京から来たのだ。／他从东京来的。」

図21 佢□/停/坐東京来個

(22)【情報源】前置詞は□ [kʰa³⁵] /停 [tɛŋ³¹³] /坐 [θœ³²]

[Ø (非動作主) 我][□/停/坐 (情報源) 佢□□聴聞[Ø (非被動者) 個只消息]個。

ŋɔ³²	kʰa³⁵/tɛŋ³¹³/θœ³²	ky³¹³	ʔa³³-tœŋ³²	tʰɛŋ³³-mɐn³¹³
我	从	他/她/它	那里	听到
1人称単数	情報源	3人称単数	あそこ	聞く

kɔ³³	tɛɛk⁵⁵	θiu³⁵-θɛk⁵⁵	kɔ³³.
这	个	消息	的
これ	個	情報	焦点

「私は彼のところからこの情報を聞いた。／我从他那里听到这个消息的。」

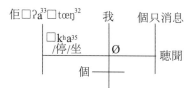

図22　我□/停/坐佢□□聴聞個只消息個

(23)【終点】前置詞は 到 [tou³³] /過 [kɔ⁵⁵]

到/過学校要行幾耐個？(＝[Ø(動作主)你][到/過(終点)学校]要行[Ø(時間)幾耐個？)

tou³³/kɔ⁵⁵	ʔɛak̚³²-ŋɐu²²	ju⁵⁵	ʔɛŋ³¹³	ki³³-nɔi²²	kɔ²².
到	学校	要	走	多久	吗
終点	学校	要る	行く	どれくらい	疑問

「学校まで行くにはどれくらいの時間が必要なの？／到学校要走多久？」

図23　到学校要行幾耐個

図24　我屋企離大学周遠

(24)【距離】前置詞は 離 [li³⁵]　　　（上図右参照）

[Ø (非動作主) 我屋企][離 (距離) 大学]周遠。

ŋɔ³⁵	ʔɔk⁵⁵-ki⁵³	li³⁵	tai²²-ʔɛak̚³²	tɐɐu³⁵	kɐn³².
我	家	离	大学	很	近
1人称単数	家	距離	大学	とても	近い

「私の家は大学にとても近い。／我家离大学很近。」

(25)【方向】前置詞は　向 [jaŋ³³]

　　　[(動作主) 我][向 (方向) 車站口辺]行。

　　　ŋɔ³²　　　　　jaŋ³³　　　tɕʰɛ³³-tʃan³²　　ʔa³³-pin³⁵　ʔɛŋ³¹³.
　　　我　　　　　　向　　　　車站　　　　　那边　　　　走
　　　1人称単数　方向　　駅　　　　　　そこ　　　行く
　　　「私は駅のところへ行く。／我朝着车站那边走。」　　図25 我向車站口辺行

(26)【受身（被害）の動作主】前置詞は　着(畀) [tʃɐk²²(-pi⁵³)]

　　　[Ø (被動者) 我][着(畀) (受身の動作主) 老豆]鬧了。

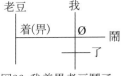

　　　ŋɔ³²　　　　tʃɐk²²(-pi⁵³)　　　lɐu³²-tɐu²²　nɐu²²　lɐu³².
　　　我　　　　　被　　　　　　　爸爸　　　　骂　　　了
　　　1人称単数　受身の動作主　父　　　　　　叱る　　完了
　　　「私は父に叱られた。／我被爸爸骂了。」　　図26 我着畀老豆鬧了

(27)【比較の基準】前置詞は　過 [kɔ⁵⁵]

　　　[Ø (非動作主) 佢]大[過 (比較の基準) 我]。

　　　ky³¹³　　　　tai²²　　　kɔ⁵⁵　　　　ŋɔ³².
　　　他/她/它　　大　　　　过　　　　　我
　　　3人称単数　大きい　比較の基準　1人称単数
　　　「彼は私より年を取っている。／他比我大。」　　図27 佢大過我

(28)【処置】前置詞は　把 [pa³²]，【転換】前置詞は　成 [sɛŋ³¹³]

　　　[Ø (動作主) 佢][把 (処置) 肉]切[成 (転換) 片]。

　　　ky³⁵　　　　　pa³²　　nɔk²²　tʰit³³　　sɛŋ³¹³　pʰin³³.
　　　他/她/它　　把　　　肉　　　切　　　　成　　　片
　　　3人称単数　処置　肉　　　切る　　転換　スライス
　　　「彼は肉をスライスに切った。／他把肉切成片。」　　図28 佢把肉切成片

(29)【基準】前置詞は　照 [tɐu⁵⁵]

　　　照個本書講。(=[Ø (動作主) 我][照 (基準) 個本書]講。

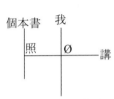

　　　tɐu⁵⁵　kɔ³³　　pun⁵³　ɕy³⁵　　kɛaŋ³².
　　　照　　　这　　　本　　　书　　讲
　　　基準　これ　冊　　本　　話す
　　　「この本に沿って講義をする。／按照这本书来讲。」　　図29 照個本書講

(30)【目的】前置詞は　為了 [wɐi³¹³-lɛu³²]

為了工作学日語。(=[Ø (動作主) 我][為了 (目的) 工作]学[Ø (被動者) 日語]。)

wɐi³¹³-lɛu³²　　koŋ³⁵-θœɐk⁵³　ʔɛɐk³²　　ɲɐt²²-ɲy⁵³.

為了　　　　工作　　　　学　　日語

目的　　　　仕事　　　　学ぶ　日本語

「仕事のために日本語を勉強する。」

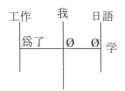

図30　為了工作学日語　　　　　図31　我講關於考大学個経験畀佢聴

(31)【関連】前置詞は　關於 [kwan³⁵-jy³⁵]　　（上右図参照）

我講關於考大学個経験畀佢聴。

（=[Ø (動作主) 我]講[關於 (関連) 考大学個経験][畀 (受益者) 佢]+[Ø (動作主) 佢]聴)

ŋɔ³²　　kɛaŋ³²　kwan³⁵-jy³⁵　hau³³　tai²²-ʔɛɐk³²　kɔ³³　　kɛŋ³⁵-ɲim³².

我　　　讲　　　关于　　　考　　大学　　　的　　　経験

1人称単数　話す　関連　　受ける　大学　　もの　　経験

pi⁵³　　ky³⁵　　　　　tʰɛŋ³³.

给　　　他/她/它　　　听

受益者　3人称単数　　聞く

「私は大学を受ける経験について彼に話して聞かせた。

　　　　　　　　　　　　　／我给他讲关于考大学的经验。」

(32)【除外】前置詞は　除鼻 [tɕy³⁵-pɐt²²]

[Ø (非被動者) 個件事][除鼻 (除外) 佢][Ø (非動主) 個個]都知。

kɔ³³　kin³²　　ɕi²²　tɕy³⁵-pɐt²²　ky³¹³　　　　kɔ³³-kɔ⁵⁵　　tou³³　　tɕi³⁵.

這　　件　　　事　除了　　　他/她/它　个个　　　　都　　　知道

これ　類別詞　こと　除外　　　3人称単数　すべての人　すべて　知る

「このことは彼を除いて誰でも知っている。／这件事情除了他谁都知道。」

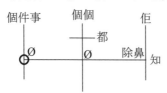

〇印のある実体(詞)は
主題化されている。
「実体詞」については
次ページ(p.12)の注参照。

図32　個件事除鼻佢個個都知

以上，(11)～(32) に示した麻垌粤語の表層格 (=前置詞) を表にすると，以下のようになる。

表1　麻垌粤語の前置詞

例文番号	深層格	表層格　(=前置詞)
(11) (13)	動作主	Ø
(12)	被動者	Ø
(12) (14)	非動作主	Ø
(14)	非被動者	Ø
(15)	対象	Ø
(15)	受け手	Ø
(16)	受け手	畀 [pi⁵³]
(17)	受益者	畀 [pi⁵³]
(18)	時間	Ø
(19)	場所	Ø
(20)	場所	□ [kʰa³⁵] /停 [tɛŋ³¹³] /坐 [θœ³²]
(21)	起点	□ [kʰa³⁵] /停 [tɛŋ³¹³] /坐 [θœ³²]
(22)	情報源	□ [kʰa³⁵] /停 [tɛŋ³¹³] /坐 [θœ³²]
(23)	終点	到 [tou³³] /過 [kɔ⁵⁵]
(24)	距離	離 [li³⁵]
(25)	方向	向 [jaŋ³⁵]
(26)	受身の動作主	着（畀）[tʃɐk²²-(pi⁵³)]
(27)	比較の基準	過 [kɔ⁵⁵]
(28)	処置	把 [pa³²]
(28)	転換	成 [sɛŋ³¹³]
(29)	基準	照 [tɕu⁵⁵]
(30)	目的	為了 [wɐi³¹³-lɛu³²]
(31)	関連	關於 [kwan³⁵-jy³⁵]
(32)	除外	除鼻 [tɕy³⁵-pɐt²²]

まず，注意してほしいのは，これが麻垌粤語のすべての前置詞でないことである。

また，深層格が「受け手」と「場所」の場合，動詞がそれぞれ「畀 [pi⁵³]」，「□ [kʰa³⁵]/停 [tɛŋ³¹³] /坐 [θœ³²]」の場合は，実体詞¹に前置詞は現れない。一方，動詞がそれ以外の場合には，「畀 [pi⁵³]」と「□ [kʰa³⁵] /停 [tɛŋ³¹³] /坐 [θœ³²]」が前置詞として機能する。

さらに，「□ [kʰa³⁵] /停 [tɛŋ³¹³] /坐 [θœ³²]」は韓国語の eyse「～で，～から」と似ており，場所と起点の両方を標示することが可能である。

---

¹「実体詞」とは，構造上で実体であるものが，文中に表現されたものである(=実詞)。

6 麻垌粤語の動詞と前置詞

6.1 動詞と前置詞の区別

　5節で既に述べたように，中国語諸方言の前置詞はすべて動詞に由来すると言われている。そのため，動詞と前置詞の区別が非常に難しい。
　例として，「畀」が動詞の場合と，前置詞の場合の構造を挙げる。

(33)【動詞】[1]　　　　動詞としての「畀」
[Ø (動作主) 佢]畀[Ø (対象) 本書][Ø (受け手) 我]。
ky³¹³　　　　pi⁵³　　　pun⁵³　ɕy³⁵　ŋɔ³².
他/她/它　　給　　　　本　　書　我
3人称単数　与える　　冊　　本　1人称単数
「彼は私に本を一冊くれた。／他给我一本书。」

図33　佢畀本書我

(34)【前置詞】(=(9)の再掲)　　前置詞としての「畀」
佢煮飯畀我喫(=[Ø (動作主) 佢]煮[Ø (対象) 飯][畀 (受益者) 我]+[Ø (動作主) 我]喫[Ø (被動者) 飯])。
ky³¹³　　　　tɕy⁵³　fan²²　pi⁵³　　ŋɔ³²　　hɛk³³.
他/她/它　　煮　　　饭　　給　　我　　　吃
3人称単数　煮る　ご飯　受益者　1人称単数　食べる
「彼は私にご飯を作ってくれた。／他做饭给我吃。」

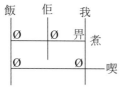

図34a　佢煮飯畀我喫

あるいは

図34b　佢煮飯畀我喫

　張編(2010：216)は，標準中国語における動詞と前置詞の違いについて述べている。

(35)（イ）　動詞は述語か述語の主要部（＝「述語＋目的語」構造の「述語」）になれるが，前置詞はなれない。（动词能做谓语和谓语中心，介词不能。）

　　（a）我们不去北京。（動詞）　　（b）*我们不从北京。（前置詞）
　　　wǒ-men　bú　qù　běi-jīng.　　wǒ-men　bù　cóng　běi-jīng.
　　　1人称-複数　否定　行く　北京　　1人称-複数　否定　起点　北京
　　　「私たちは北京に行かない。」

---

[1](33)と(34)の構造の違いは，改めて8節で説明する。

（ロ）　動詞は後置副詞¹を後続させることができるが，前置詞はできない。（动词可以带补语，介词不能。）

(c) 看一下。（動詞）
　　kàn　yí-xià.
　　見る　ちょっと
　　「ちょっと見る。」

(d) *从一下（前置詞）
　　cóng　yí-xià.
　　起点　ちょっと

（ハ）　多くの動詞は重複できるが，前置詞はできない。（大部分动词可以重叠，介词不能。）

(e) 看看电影。（動詞）
　　kàn-kan　diàn-yǐng.
　　重複-見る　映画
　　「ちょっと映画を見る。」

(f) *从从上海（前置詞）
　　cóng-cong　shàng-hǎi.
　　重複-起点　上海

（ニ）　動詞はアスペクト助詞を後続させることができるが，前置詞はできない。（动词可以带时态助词，介词不能。）

(g) 看了一本书。（動詞）
　　kàn　le　yì　běn shū.
　　見る　完了　一　冊　本
　　「本を一冊読んだ。」

(h) *被着我们（前置詞）
　　bèi　zhe　wǒ-men.
　　受身　持続　1人称-複数

（ホ）　動詞の目的語は文頭への移動・削除・主節の主語(名詞句の主要部)への転換ができるが，前置詞のあとの実体詞(前置詞の目的語)はこれでができない。（动词所带的宾语可以外移，删除和转换介词不能。）

(i) 我写好了信。（動詞-基本語順）
　　wǒ　xiě　hǎo　le　xìn.
　　1人称単数　書く　ちゃんと　完了　手紙
　　「私は手紙をちゃんと書けた。」

---

¹　原文では，「补语（補語）」となっている。中国語学では，動詞の前に置く修飾成分が状語と呼ばれ，動詞の後に置く補充成分（たとえば，結果補語）と修飾成分（たとえば，程度補語）が補語と呼ばれている。しかし，類型論の観点では，このような分析が大きな問題となる（詳しくは，劉編（2006, 71-79），劉（2000, 2005)を参照されたい）。
　また，補充成分と結果成分の構造も異なっている。たとえば，「他写错字了（彼が字を書き間違えました）」の「错」はいわゆる結果補語であり，構造的に意味を分析すると，「彼が字を書いて，字が間違った」のように，結果補語は実体と関係がある。一方，「他看了一下（彼はちょっと見た）」の「一下」は程度補語であり（数量補語と分類されることもあるが，実際に瞬間的に一回だけ動作を行うとは限らないので，ここでは程度補語と分析する）が，ここの「一下」は属性の「看」のみに関わる。そのため，補語を一括りにして議論することは難しい。ただし，例文 (c) と (d) の「一下」は副詞性の程度補語であるため，ここでは，副詞と訳している。

(j)　信，我写好了。(動詞-目的語の文頭への移動)
　　　xìn,　　wǒ　　　　xiě　　hǎo　　　　le.
　　　手紙　1人称単数　書く　ちゃんと　完了
　　　「手紙は私がちゃんと書けた。」

(k)　我写好了[　]。(動詞-目的語の削除)
　　　wǒ　　　　　xiě　　hǎo　　　le.
　　　1人称単数　書く　ちゃんと　完了
　　　「私がちゃんと書けた。」

(l)　我写好的信又丢了。(動詞-埋め込み文の目的語が名詞句の主
　　要部への転換)
　　　wǒ　　　　　xiě　　hǎo　　　de　　xìn　yòu　dīu　　　le.
　　　1人称単数　書く　ちゃんと　連体　手紙　また　なくなる　完了
　　　「私がちゃんと書いた手紙はまたなくなった。」

(m)　我从北门走。(前置詞-基本語順)
　　　wǒ　　　　　cóng　běi-mén　zǒu.
　　　1人称単数　起点　北門　　行く
　　　「私は北門から行く。」

(n)　*北门，我从走。(前置詞-目的語の文頭への移動)
　　　běi-mén, wǒ　　　　　cóng　zǒu.
　　　北門，　1人称単数　起点　行く

(o)　*我从[　]走。(前置詞-目的語の削除)
　　　wǒ　　　　　cóng　zǒu.
　　　1人称単数　起点　行く

(p)　*我从的北门关掉了。(前置詞-埋め込み文の目的語の主要部への
　　転換)
　　　wǒ　　　　　cóng　de　　běi-mén　guān　　　diào　　le.
　　　1人称単数　起点　連体　北門　　　閉まる　結果　完了

（張編 2010：216-217, ピンイン・逐語訳・日本語訳はすべて筆者による。）

　麻坦粤語にも，これと同じような現象がある。次節7節では，日本語構造伝達文法
のモデルをどのように麻坦粤語に適用するかを述べ，8節では，麻坦粤語における動
詞と前置詞の違い，および，麻坦粤語の前置詞における(35)の（イ）-（ホ）の制限
を日本語構造伝達文法のモデルで説明する。

7 必須要素・修飾要素

　蒋（2015）は，今泉（2000, 2003, 2009, 2014 など）で提唱された日本語構造伝達文法を一部改変し，中国語標準語に適用させた。このモデルをもとにして，麻垌粤語の基本的な文構造を説明できるように，さらに一部改変を加える。

7.1 自動詞文・他動詞文・複他動詞文

　自動詞文・他動詞文・複他動詞文という観点から，構造を改めて検討してみる。（アスペクト助詞「了」については 7.4 節を参照。）

(36)【自動詞文】(=(11)の再掲)

　　　[∅ (動作主) 佢]行畢了。

　　　ky³¹³　　　　ʔɛŋ³¹³　pɐt²²　lɛu³².

　　　他/她/它　走　完　了

　　　3人称単数　行く　完了　完了

　　　「彼が行った。／他走了。」

図36 佢行畢了

(37)【他動詞文】(=(13)の再掲)

　　　[∅ (動作主) 佢]□[∅ (被動者) 我]。

　　　ky³¹³　　　　kut⁵⁵　ŋɔ³².

　　　他/她/它　打　我

　　　3人称単数　殴る　1人称単数

　　　「彼が私を殴った。／他打我。」

図37 佢死畢了

(38)【複他動詞文】(=(15)の再掲)

　　　[∅ (動作主) 佢]畀[∅ (対象) 書][∅ (受け手) 我]了。

　　　ky³¹³　　　　pi⁵³　ɕy³⁵　ŋɔ³²　　　lɛu³².

　　　他/她/它　給　書　我　了

　　　3人称単数　与える　本　1人称単数　完了

　　　「彼は私に本をくれた。／他给我书了。」

図38 佢畀書我了

また，∅ 以外の前置詞が使われる文も，基本的に以上の構造に準ずる。

(39)【比較の基準】過 [kɔ⁵⁵] (=(27)の再掲)

　　　[∅ (非動作主) 佢]大[過 (比較の基準) 我]。

　　　ky³¹³　　　　tai²²　kɔ⁵⁵　　　ŋɔ³².

　　　他/她/它　大　过　我

　　　3人称単数　大きい　比較の基準　1人称単数

　　　「彼は私より年を取っている。」

図39 佢大過我

　このように，麻垌粤語をはじめとする中国語諸方言では，ある文を成立させるためには，少なくとも「実体詞（主体詞と客体詞）・属性詞（動詞・形容詞など）・前置詞（表層格）」の3つの要素（必須要素）が必要である。構造成立という観点から見れ

ば，実体(主体，客体)・属性・格という3要素が必要である。

7.2. 副詞

　修飾要素として，副詞が挙げられる。副詞は，属性詞を修飾する要素として使われる。前置副詞（いわゆる状語）を属性詞の上に，後置副詞（いわゆる補語の一部）を属性詞の下に，短い線で示す（蒋 2015 に従う）。ただし，属性の修飾要素は，属性なしに単独では現れることができない。(なお，「児 [ɲi³⁵]」については 7.3 節で説明する。)

(40)【前置副詞】

　　[Ø (時間) 従物]周熱。（=(18)の再掲）

　　θoŋ²²-mɐt²²　tʃɐu³⁵　　　ɲit²².

　　昨天　　　　很　　　熱

　　昨日　　　とても　暑い

　　「昨日はとても暑かった。／昨天很热。」

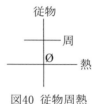

図40 従物周熱

(41)【後置副詞】

　　等我一陣児(=[Ø (動作主)你]等[(被動者)我]一陣児)。

　　tɐŋ⁵³　ŋɔ³²　　　　　ʔa³³　tɕɐn²²　ɲi³⁵.

　　等　我　　　　一　陣　　一下

　　待つ 1人称単数 一　期間 指小辞

　　「少しだけ待ってくれ。／等我一下。」

図41 等我一陣児

7.3 重複

　重複も1つの形態素と見ることができ，属性詞の修飾要素と分析することが可能である。麻垌粵語では，標準中国語と同じように，「睇 [tʰai³³]」（見る）に対して「睇睇 [tʰai³³-tʰai³³]」（ちょっと見る），「聴 [tʰɛŋ³³]」（聞く）に対して「聴聴 [tʰɛŋ³³-tʰɛŋ³³]」（ちょっと聞く）のように，動詞は重複が可能である。

　もし，動詞の二番目の形態素も動詞そのままの意味で分析すると，この形態素は動詞の数だけあることになるため，「重複」という形態素を使う。

　ただし，標準中国語と異なり，動詞の重複形が使われる場合，その後ろに「時間が短いこと，数が少ないこと，程度が低いこと」を表す指小辞「児 [ɲi³⁵]」が必須である。

(42)【重複】

　　畀我睇睇児。(=[Ø (動作主)你][畀(受益者)我]睇睇児)

　　pi⁵³　　　ŋɔ³²　　　　　tʰai³³ tʰai³³　ɲi³⁵.

　　给　　　我　　　　看　看　　一下

　　受益者 1人称単数 見る 重複 指小辞

　　「私にちょっと見せて。」

図42 畀我睇睇児

7.4 アスペクト助詞

「了」などのアスペクト助詞も属性詞の修飾要素として捉えることができる。

(43)【アスペクト助詞】(=(26)の再掲)

[Ø _(被動者) 我][着界 _(受身の動作主) 老豆]鬧了。

$ŋɔ^{32}$ $tʃɛk^{22}\text{-}pi^{53}$ $lɐu^{32}\text{-}tɐu^{22}$ $nɐu^{22}$ $lɛu^{32}$.

我　被　　　爸爸　　　　罵　了

1人称単数　受身の動作主　父　　　叱る　完了

「私は父に叱られた。／我被爸爸罵了。」

図43　我着界老豆鬧了

以上，7節をまとめると，表2のようになる。

表2　必須要素と修飾要素

必須要素	実体詞・属性詞・前置詞
修飾要素　（必須要素に従属）	副詞・重複・助詞・指小辞など

8　麻垌粵語における動詞と前置詞の違い

　麻垌粵語において，動詞は属性である。実体と属性の関係が深層格である。深層格が表層化したものが前置詞である。そのため，動詞と前置詞は構造が異なる。したがって，(33)の動詞の「界」と，(34)の前置詞の「界」は以下のように，構造が異なる。

(44)【動詞】界 [pi^{53}] (=(33)の再掲)

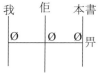

[Ø _(動作主) 佢]界[Ø _(対象) 本書][Ø _(受け手) 我]。

ky^{313} pi^{53} pun^{53} $ɕy^{35}$ $ŋɔ^{32}$.

他/她/它　給　　本　　書　　我

3人称単数　与える　冊　　本　1人称単数

「彼は私に本を一冊くれた。／他给我一本书。」

図44　佢界本書我

(45)【前置詞】界 [pi^{53}] (=(34)の再掲)

佢煮飯界我喫 (=[Ø_(動作主)佢]煮[Ø_(対象)飯][界_(受益者)我]+[Ø_(動作主)我]喫[Ø_(被動者)飯])。

ky^{313} $tɕy^{53}$ fan^{22} pi^{53} $ŋɔ^{32}$ $hɛk^{33}$.

他/她/它　煮　饭　给　　我　　　吃

3人称単数　煮る　ご飯　受益者　1人称単数　食べる

「彼は私にご飯を作ってくれた。／他做饭给我吃。」

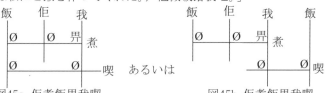

図45a　佢煮飯界我喫　　　　　　図45b　佢煮飯界我喫

構造からわかるように，(44)における「界」は属性詞かつ，唯一の属性詞である。もし「界」を前置詞だとすると，必須要素の属性詞が欠ける文になる。また，属性詞なし

に前置詞が現れるのは，実体と属性の関係を表すという前置詞の定義にも矛盾する。

　　一方，(45)の文は，中国語学で兼語文と呼ばれる文型である。文の中では「我」が1回しか現れないが，「佢煮飯畀我」（私のためにご飯を作る）と「我喫飯」（私がご飯を食べる）という2つの事象に参与している。つまり，「我」という語は2つの構造の実体を兼ねているため，兼語文と呼ばれるわけである。2つの事象であるため，属性詞が「煮」と「喫」の2つある。したがって，「畀」は前置詞である。

9　麻埇粤語における前置詞の制限の理由
9.1　前置詞の制限

　　6節の(35)で触れられた標準中国語の前置詞は動詞と比べて，以下の制限がある。

　　　（イ）　述語か述語の主要部になれない。

　　　（ロ）　後置副詞を後続させることができない。

　　　（ハ）　重複できない。

　　　（ニ）　アスペクト助詞を後続させることができない。

　　　（ホ）　動詞の目的語は文頭への移動・削除・主節の主語(名詞句の主要部)への転換ができるが，前置詞のあとの実体詞(いわゆる前置詞の目的語)はこれができない。（※いわゆる前置詞の目的語は実は目的語ではない。）

　　これらの制限については，麻埇粤語でも同じことが言える。

　　（イ）については，すでに言及したように，前置詞は実体と属性の関係を表層化させたものであり，属性詞（述語や述語の主要部）になれないのは当然である。

　　（ロ）については，(41)で言及したように，「前置副詞」でも「後置副詞」でも，属性詞の修飾要素であり，属性詞の出現を前提に出現が可能である。そのため，属性詞が出現せずに，前置詞のみ出現することで，従属要素が出現できないだけでなく，実体と属性の関係を表層化させる前置詞の定義とも矛盾する。

　　（ハ）については，(42)で言及したように，「重複」も属性詞の修飾要素であり，属性詞の出現を前提に出現が可能である。前置詞のみ出現することで，従属要素の「重複」が現れることはできない。また，同様の理由で，前置詞の定義と矛盾する。

　　（ニ）については，(43)で言及したように，「アスペクト助詞」などの助詞類も属性詞の修飾要素であるため，従属要素の「アスペクト助詞」が現れることができない。また，同様の理由で，前置詞の定義と矛盾する。

9.2　文頭への移動（主題化）

　　（ホ）については，

　　　(33)「[Ø (動作主) 佢]畀[Ø (対象) 本書][Ø (受け手) 我]。（彼が本を一冊くれた。）

　　における動詞「畀」の後の目的語「本書（一冊の本）」は，文頭へ移動し主題化することができる。一方，例えば，

　　　(21)「[Ø (動作主) 佢][□ kʰa³⁵ (起点) 東京]来個。（彼は東京から来たのだ。）」

における前置詞「□ kʰa³⁵ 」のあとの実体詞「東京」は文頭へ移動し主題化することはできない。以下，前置詞のあとの実体詞の移動前の位置を T(Trace) で表す。図中の○印は主題化を示す。(47)のように，前置詞のあとの実体詞は文頭に移動できない。

(46)【動詞の目的語–文頭への移動が可能】

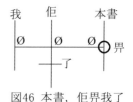

[Ø(対象)本書], [Ø(動作主)佢]界[Ø(受け手)我]了。

pun⁵³ ɕy³⁵, ky³¹³   pi⁵³   ŋɔ³²   lɛu³².
本 書   他/她/它 給   我   了
冊 本   3人称単数 与える 1人称単数 完了
「この本は彼が私にくれた。／这本书他给我了。」

図46 本書，佢界我了

(47)【前置詞後の実体詞–文頭への移動が不可能】

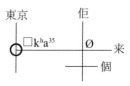

*東京, [Ø(動作主)佢][□(起点) T]来個。

toŋ³⁵-kɛŋ³⁵, ky³¹³   kʰa³⁵ lɔi³¹³ kɔ³³.
东京   他/她/它 从   来   的
東京   3人称単数 起点 来る 焦点
「*東京は，彼がから来たのだ。／*东京，他从来的。」

図47 *東京，佢□T来個

このように，(46)のように，動詞のあとの目的語は，前置詞が Ø なので，文頭へ移動できるが，一方，(47)のように，前置詞が Ø ではない場合，そのあとの実体詞は文頭へ移動できないことがわかる。

また，日本語とは異なり，前置詞のあとの実体詞は，前置詞とともに文頭へ移動することも不可能である。

*[□ kʰa³⁵ (起点) 東京], [Ø (動作主) 佢]来個。

(日本語では〈「は」のつかない〉主題化は可能である。「東京から，彼は来た。」)

しかし，なぜ Ø の前置詞が文頭へ移動できるのに対し，有形の前置詞は文頭へ移動できないのか，また，Ø の前置詞でも，位置（主語・目的語など）や，深層格（動作主・対象など）によって，移動の自由度が異なるのか，更なる考察が必要である。

9.3 削除

また，標準中国語と同じように，麻垌粤語でも，動詞の目的語は削除できるが，前置詞で標示される実体詞は削除できない。以下，前置詞のついた実体詞の，削除されるまえの位置を D (Deletion) で表す。

(48)【動詞–目的語の削除】

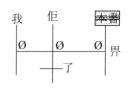

[Ø(動作主) 佢]界[Ø(受け手) 我]了。

ky³¹³   pi⁵³   ŋɔ³²   lɛu³².
他/她/它 給   我   了
3人称単数 与える 1人称単数 完了
「彼が私にくれた。／他给我了。」

図48 本書，佢界我了

(49)【前置詞−実体詞の削除】

 *[∅ _(動作主)]佢][□ _(起点) D]来個。

 ky³¹³ kʰa³⁵ lɔi³¹³ kɔ³³.

 他/她/它 従   来   的

 3人称単数 起点 来る 焦点

 「*彼がから来た。/*他従来的。」

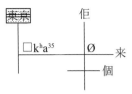

図49 *~~東京~~，佢□ D 来個

 この場合も，文頭への移動の場合と同じである。つまり，動詞の場合は，目的語と前置詞はともに削除されたが，前置詞の場合は，実体詞が削除されたにもかかわらず，実体と属性の関係を表す前置詞が残っているため，非文であると考えられる。

9.4 名詞句の主要部への転換

 最後に，標準中国語と同じように，麻垌粤語でも，動詞の場合は目的語が名詞句の主要部になれる（いわゆる内的関係の連体修飾になる）が，前置詞の場合は，前置詞で標示される実体詞は名詞句の主要部にはなれない。

(50)【動詞−目的語の主要部への転換】

 佢界我本書□個□来。

 (=[∅_(動作主)]佢]界[∅_(受け手)]我][∅_(対象)本書]＋[∅_(非動作主)]本書]□[∅_(場所)個□]来)

 ky³¹³   pi⁵³ ŋɔ³²   pun⁵³ ɕy³⁵ kʰa³⁵ kɔ³³-tœŋ³² lɔi³¹³.

 他/她/它 給 我   本 書 在 這里   正在

 3人称単数 与える 1人称単数 冊 本 ある ここ   進行

 「彼が私にくれた本はここにある。/他给我的书在这里。」

図50 佢界我本書個来   図51 *佢個東京周熱鬧

(51)【前置詞−実体詞の主要部への転換】 （上図右参照）

 佢□個東京周熱鬧（=[∅_(動作主)]佢] [□_(起点)個東京]＋[∅_(非動作主)東京]周熱鬧)。

 ky³¹³   kʰa³⁵ kɔ³³ toŋ³⁵-keŋ³⁵ tʃɐu³⁵ ɲit²²-nau²².

 他/她/它 従 的 東京   很   熱闹

 3人称単数 起点 もの 東京   とても 賑やか

 「*彼がからの東京はとても賑やかだ。/*他从的东京很热闹。」

　ここで注意してほしいのは，(50)の「本」は「書」の量詞（=助数詞）として機能していると同時に，連体修飾のマーカーとしても機能している。一方，(51)の「東京」は普通量詞がつかない名詞なので，連体修飾される場合は，特別な連体修飾のマーカー「個」が必要である。

　(51)の構造から分かるように，埋め込み文には，属性詞がないにもかかわらず，実体と属性の関係が表層化した前置詞「□ kʰa³⁵」があり，不完全な構造になっている。そのため，(51)は非文である。

10　まとめと今後の課題

　本稿は，日本語構造伝達文法のモデルを麻垌粤語という粤語方言に適用し，麻垌粤語における前置詞について記述・考察した。

　まず，麻垌粤語の24の深層格とそれに対応している前置詞を記述した。

　また，日本語構造伝達文法のモデルを麻垌粤語に適用して，麻垌粤語における動詞と前置詞の構造の違いを説明した。

　そして，日本語構造伝達文法のモデルを用い，麻垌粤語の動詞にはないが，前置詞には一定の制限があることを示した。その制限の生じる理由は，その構造の必須要素（実体・属性・前置詞〈=表層格〉）のいずれかの欠落によるものだということを説明した。

　しかし，次のようなことについては，現時点ではまだわからない。

　　（イ）　なぜ，有形の前置詞は文頭へ移動できないのか。また，∅ の前置詞でも，位置（主語・目的語など）や，深層格（動作主・対象など）によって，移動の自由度が異なるかどうか。

　　（ロ）　中国語学で言われている補語は，言語学的にどのように分類できるのか。それぞれの構造はどのようになるのか。

　　（ハ）　兼語文は，構造によって分類できるか。

これらについて考察することを今後の課題とする。

参考文献:

Chao, Y. R（1930）A system of tone letters, *Le Maitre Phonetique* 45, 24-27 .

張斌（編）（2010）『现代汉语描写语法（現代中国語記述文法）』, 商务印书馆.

中国社会科学院語言研究所・中国社会科学院民族学與人類学研究所・香港城市大学語言資訊科学研究中心編（2012）『中国語言地図集（第2版）漢語方言巻（中国言語地図集（第2版）中国語方言編）』, 商务印书馆.

Fillmore, Charles J（1966a）A proposal concerning English prepositions. In Francis P. Dinneen (ed.), *Report of the seventeenth Annual Round Table Meeting on Linguistics and Language Studies, Monograph series on languages and linguistics*, 19. Georgetown University Press. 19–34.

Fillmore, Charles J（1966b）Toward a modern theory of case. *The Ohio State University project on linguistic analysis*, Report. Ohio State University. 1–24.

Fillmore, Charles J（1968）The case for case. In Emmon W. Bach and Robert T. Harms (eds.) *Universals in Linguistic Theory*. Holt, Rinehart & Winston, 1–88.

Fillmore, Charles J（1970）The grammar of hitting and breaking. In R. A. Jacobs, & P. A. Rosenbaum (Eds.), *Readings in English transformational grammar*. Ginn. 120–133.

Fillmore, Charles J（1971）Some Problems for Case Grammar. *Working Papers in Linguistics*, 10. Ohio State University. 245-265.

Hopper, Paul & Elizabeth Traugott（2003）*Grammaticalization*, 2nd edition. Cambridge University Press.

今泉喜一（2000）『日本語構造伝達文法』, 揺籃社.

今泉喜一（2003）『日本語構造伝達文法　発展A』, 揺籃社.

今泉喜一（2009）『日本語態構造の研究―日本語構造伝達文法・発展B―』, 晃洋書房.

今泉喜一（2014）『主語と時相と活用と―日本語構造伝達文法・発展C―』, 揺籃社.

顧宗英・龔坤余（1989）『匈牙利语语法（ハンガリー語文法）』, 外语教学与与研究出版社.

Kuno, Susumu（1978）Japanese, a characteristic SOV language. In Winfred Lehmann (ed.) *Syntactic Typology*. University of Texas Press.

梁暁蘭（2018）『粤语广西桂平麻峒话研究（粤語広西桂平麻峒方言の研究）』, 修士論文, 广西大学.

劉丹青（2000）「语法研究的对象语言与参照语言（文法研究の対照言語と参照言語）」『语法研究与探索（十）（文法研究の研究と探索（十））』, 商务印书馆.

劉丹青（2003）『语序类型学与介词理论（語順の類型論の接置詞の理論）』, 商务印书馆.

劉丹青（2005）「从所谓"补语"谈古代汉语语法学体系的参照系（いわゆる「補語」から見る古代中国語文法学体系の参照枠）」『汉语史学报（中国語歴史学機関誌）』, 第五辑, 上海教育出版社.

劉丹青編（2006）『语法调查研究手册　第二版（文法調査ハンドブック　第二版）』, 上海教育出版社.

清水紀嘉（1988）「粤語」, 亀井孝・河野六郎・千野栄一編『言語学大辞典 第1巻 世界言語編』, 三省堂.

蒋家義（2015）『中国語の句の意味構造　日本語構造伝達文法の適用』, 揺籃社.

研究者紹介 陶天龍 Tao Tianlong

略歴: 2012年 中国から日本へ留学
2014年 東京外国語大学入学
2018年 東京外国語大学大学院博士前期課程入学
2020年 東京外国語大学大学院博士後期課程入学
日本学術振興会特別研究員 DC1

日本語構造伝達文法との関わり: 大学1年生のときに，日本語学を勉強してよく理解できず，その次の年に，今泉先生に日本語構造伝達文法を教わり，日本語学や日本語の諸現象を体系的に勉強できた。

今回の論文について: 中国語諸方言では，前置詞がほぼ動詞由来で，動詞との区別が極めて難しいといわれている。今回は，中国語諸方言の1つである麻埇粤語における前置詞と動詞の違いを，日本語構造伝達文法のモデルで解釈を試みた。

今後の研究予定: 麻埇粤語のほかの文法現象，特に中国語標準語にないような文法現象を分析してみたい。

メールアドレス: tianlong_lingo@yahoo.co.jp

Eあとがき

　2018年 の『発展D』の「Dあとがき」では,『日本語構造伝達文法・発展E』がどのようなものとなるかは分からない, と述べた。蓋を開けてみると, 8人の著者による, 9編の論文集となった。

　この論文集の構成をみてみると, いつもの構造伝達文法による日本語関係, 中国語関係の論文が5編あり, それに, 国語学への提言, モンゴル語と日本語の対照研究, 認知言語学の視点での「の」と「的」の研究, 中国語の方言における前置詞の研究, の各1編が新しく加わっている。

　このような『発展E』はどのような論文集になってるのかを知るために, それぞれの論文について簡単にまとめておきたい。

　第1論文「国語学への5つの提言」は, 国語学への提言という形で, 国語学の改善案を示した。国語学は完全な体系であると思い込んでいる国語学者に, そうではないのだ, 改善すべき点がこのようにたくさんあるのだ, と警鐘を鳴らしている。

　第2論文「＜の＞および＜相対時表現＞について」は, ①「の」を教室でどう扱えばよいのか, ②現代日本語特有の「相対時表現」をどう理解すればよいのか, の2点につき, 日本語教師への参考として, 構造伝達文法の考え方を示した。

　第3論文「＜未遂＞と＜未婚＞」では,「未」を, 意味と構造の両面からどう捉えればよいのかを示した。「未」は, 開始前の成立の否定, 開始後完了までの成立の否定, 単なる完了までの成立の否定を意味するとした。アスペクトを示すだけの動詞もある。

　第4論文「感覚動詞と知覚動詞のアスペクト」では, 両動詞のアスペクトを図示しており, 画期的なことである。また, 知覚動詞には瞬間動詞型のものがあり, 閾値のあるものとないものがあると述べ, 図示した。「肩が凝る」の7つの時相も論じた。

　第5論文「モンゴル語, 日本語の主格・対格表示の対照」では, モンゴル語の従属節の主語が対格表示されることを述べ, 日本語古語の同様の現象と対照した。これにより, 従属節の主語は主文の主語と異なるという共通の意識が想定できる, と述べた。

　第6論文「日本語＜の＞と中国語＜的＞の対照研究」では, 認知言語学の視点から考察し, 両者は名詞をつなぐ機能があるとしている。「の」は重点化と関係ないが,「的」は重点化と関係すると述べた。また,「の」と「的」の使用可能範囲に相違があると述べた。

　第7論文「日本語構造伝達文法の中国語への適用」では, すべての兼語句(兼語文)の構造がよく似ていることを構造図で示した。しかし, 意味的には大きな違いがあり, 4種類に分類する必要のあることを述べ, それぞれについて詳しく検討している。

第8論文「中国語の〈了〉に対する日本語表現」では，中国語の「了」が日本語の多くの表現に対応していることを，数多くの小説の原文と訳文を調査してまとめた。各例文は時相モデルでも示している。この調査は p.124 の表として結実している。

　第9論文「粤語麻坰方言の前置詞」では，中国語諸方言の前置詞は，歴史的な理由から，動詞と同じ漢字で表示することが多いが，構造伝達文法の構造表示法を使って，前置詞と動詞を位置の違いで区別できることを示した。前置詞にある制限も考察した。

＊　＊　＊　＊　＊　＊　＊　＊

［実詞の基］

　実詞(名詞)はこれまで，形態素のように扱ってきた。たとえば，「先生」である。
　<u>先生が学生に英語を教える</u>　（下左図参照）
　「先生」はこれで1つの単位体のようにみえる。たしかに，「基」(合成物)としては1つの単位体である。この基の形で「師として教える人」を意味する。しかし，形態素としてみれば，ここにある形態素は「先」と「生」である。両者はもと中国語，つまり外来語，ということは実詞(名詞)である。この「先」と「生」の論理関係は「先に生をする(先に生まれる)」であり，構造は下右図のようになっている。

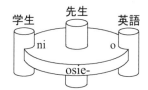 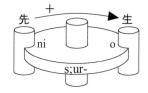

図Eあ-1　先生が学生に英語を教える　　　　図Eあ-2　「先生」の構造

　実詞(名詞)の形態素については，国語学関係の多くの書物で扱われており，そのため，本文法では扱いがあとまわしになってしまっている。本書p.78で，初めてこれを「先-生」のように示した。同じく「学生」「感想」を「学-生」「感-想」のように示した。
　可能であれば，次のできるだけ近い機会に，実詞(名詞)を扱いたいと考えている。

＊　＊　＊　＊　＊　＊　＊　＊

［発展Fは辞典？］

　次の近い機会といえば，次に出すのは『日本語構造伝達文法・発展F』となるが，これは，今のところ「日本語構造伝達文法辞典」のようなものがよいのではないかと考えている。研究を若い人に託すことを考えねばならない時期になっているので，この文法のそれぞれの概念が何を表しているのか，検索しやすい形になっていたほうがよいのではないかと思うからである。

2021年3月　今泉喜一

今 泉 喜 一 (いまいずみ きいち)

1948 年　群馬県生まれ(東京都板橋区育ち)
1973 年　東京外国語大学(モンゴル語学科)卒業
1975 年　東京外国語大学大学院修士課程(アジア第1言語研究科)修了
1978 年　国立国語研究所日本語教育長期専門研修受講
1979 年～1990 年 国際交流基金より日本語教育専門家として派遣される
　　　　　・モンゴル国立大学 (在ウランバートル)
　　　　　・在カラチ日本国総領事館日本文化センター (パキスタン)
　　　　　・スペイン公立マドリッド・アウトノマ大学
1990 年～　杏林大学外国語学部講師
1993 年～　杏林大学外国語学部助教授
1998 年～　杏林大学外国語学部教授
1998 年～　韓国・高麗大学校客員研究員 (1年間)
2000 年～　杏林大学大学院 (国際協力研究科) 教授兼任
2008 年　博士号取得 (学術博士・杏林大学)
2012 年～ Marquis Who's Who in the World に掲載される
2014 年　杏林大学定年退職

著書　『日本語構造伝達文法』(2000 年版)　揺籃社, 2000
　　　　　『日本語構造伝達文法』(5 年/12 年改訂版)　揺籃社, 2005/2012
　　　『日本語構造伝達文法 発展A』 揺籃社, 2003
　　　『日本語態構造の研究－日本語構造伝達文法 発展B』 晃洋書房, 2009
　　　『主語と時相と活用と－日本語構造伝達文法・発展C』 揺籃社, 2014
　　　『日本語・中国語・印欧語－日本語構造伝達文法・発展D』揺籃社, 2018
　　　『日本語のしくみ(1)－日本語構造伝達文法 S－』 揺籃社, 2015
　　　『日本語のしくみ(2)－日本語構造伝達文法 T－』 揺籃社, 2016
　　　『日本語のしくみ(3)－日本語構造伝達文法 U－』 揺籃社, 2017
　　　『日本語のしくみ(4)－日本語構造伝達文法 V－』 揺籃社, 2019
　　　『日本語のしくみ(5)－日本語構造伝達文法 W－』 揺籃社, 2020

E-mail:　ki1imaizu@yahoo.co.jp　　（ → 1: number ）
　　　　　　　(イチ)

「日本語構造伝達文法」新ホームページ　（「ニコデブ」で検索可能）
https://www.kouzou.biz/bumpoo.html

日本語・中国語・モンゴル語
－日本語構造伝達文法・発展E－　　　　　　　定価 800 円＋税

2021 年 4 月 15 日発行
　　著　者　今泉喜一・木村泰介・関口美緒・銀桩・辛奕嬴・蒋家義・
　　　　　　孫偉・陶天龍
　　発行者　比 嘉 良 孝
　　発　行　揺 籃 社
　　　　　　〒 192-0056　東京都八王子市追分町 10-4-101
　　　　　　TEL 042-620-2626　　E-mail:info@simizukobo.com
　　　　　　印刷／(株)清水工房　　製本／(有)宮沢製本

ISBN978-4-89708-455-8 C1081　　　　落丁・乱丁本はお取替えいたします。